PRÁCTICUM Y PRÁCTICAS EXTERNAS AL ENCUENTRO DE LOS OBJETIVOS DE DESARROLLO SOSTENIBLE

Han participado en la edición de este texto

COORDINADORAS Y AUTORAS

Raposo-Rivas, Manuela. UVIGO
Zabalza-Cerdeiriña, Mª Ainoa. UVIGO

AUTORAS Y AUTORES

Cano-Iglesias, María José. UMA

Cebrián-de-la- Serna, Manuel. UMA

Cebrián Robles, Violeta. UMA

Colmenero Ruiz, Mª Jesús. UJAEN

Díaz-Crespo, Ana. VIU

Franco-Mariscal, Antonio Joaquín. UMA

García-Fuentes, Olalla. UVIGO

Moreno-Gutiérrez, María-Luisa. CEU

Pérez-Torregrosa, Ana Belén. UJAEN

Ramos-Estévez, María-José. CEU

Ríos-de-Deus, María Paula. UDC

Rodicio-García, María Luisa. UDC

Sánchez Sáinz, Mercedes. UCM

Soler Costa, Rebeca. UNIZAR

Valle Flórez, Rosa Eva. UNILEON

Zabalza Beraza, Miguel Á. USC

C.E.U. Cardenal Spínola (CEU)
Universidad Complutense de Madrid (UCM)
Universidad de A Coruña (UDC)
Universidad de Jaén (UJAEN)
Universidad de León (UNILEON)
Universidad de Málaga (UMA)
Universidad de Zaragoza (UNIZAR)
Universidad Internacional de Valencia (VIU)
Universidade de Santiago de Compostela (USC)
Universidade de Vigo (UVIGO)

Prácticum y prácticas externas al encuentro de los Objetivos de Desarrollo Sostenible

Manuela Raposo-Rivas
María-Ainoa Zabalza-Cerdeiriña
(Coords.)

NARCEA, S.A. DE EDICIONES

© NARCEA, S.A. DE EDICIONES, 2024
Paseo Imperial, 53-55. 28005 Madrid. España
www.narceaediciones.es

ISBN papel: 978-84-277-3205-6
ISBN ePdf: 978-84-277-3206-3
ISBN ePub: 978-84-277-3207-0
Depósito legal: M-22105-2024

Imagen de cubierta: 123rf

Impreso en España
Printed in Spain

Índice

SERIE PRÁCTICUM

Aunque la Colección Universitaria ya incluye un par de libros sobre la temática del Prácticum (El e-diario de los actores del Practicum, *de Martín-Cuadrado y Pérez Sánchez;* El Prácticum y las prácticas en empresas, *de Zabalza), tanto para la Editorial Narcea como para quien coordina esta colección es una buena noticia el poder anunciar que iniciamos, en colaboración con la Asociación REPPE, una serie de títulos que abordarán específicamente la temática del Prácticum y las prácticas externas en las diferentes carreras universitarias.*

REPPE (Asociación para el Desarrollo del Prácticum y las Prácticas en Empresas), surgida de la tradición de los encuentros sobre prácticas en Poio, es quien mantiene y organiza en la actualidad los Symposios bienales que allí se realizan desde hace 36 años. El próximo, en su XVIII convocatoria, tendrá lugar en el mes de julio del próximo año 2025. Sirva este dato para avalar la amplísima trayectoria de la Asociación en el estudio de las prácticas en la formación universitaria.

Para mí, coordinador de la Colección Universitaria, dar visibilidad al Prácticum y las prácticas externas a través de un espacio específico en la colección, me parece una idea excelente. No me hubiera gustado crear una colección específica para abordar el prácticum porque, justamente, lo que hemos venido defendiendo siempre es que las prácticas externas forman una parte sustancial e integrada del proyecto formativo que las universidades desarrollan. Lo correcto es, por tanto, planificarlas y analizarlas como un componente más de las carreras. Los criterios de calidad que le son aplicables no difieren, en lo substantivo, de los aplicables al resto de las actividades formativas.

Con este propósito iniciamos, con esta obra colectiva sobre el Prácticum, una serie de trabajos, "Serie PÁCTICUM", orientados a compartir ideas y experiencias sobre todo lo que tiene que ver con el Prácticum y las prácticas externas, cualquiera sea su formato y diseño. Esperemos que resulte útil tanto a quienes planifican las prácticas, como a quienes las tutorizan y supervisan, a quienes las viven como estudiantes y a quienes se implican en ellas como receptores de alumnos y alumnas en prácticas.

Desde este momento, quienes lo deseen y tengan algo que contar sobre el Prácticum quedan invitados a enviar sus originales tanto a la Asociación como a la editorial para que los analicen, y consideren la oportunidad de publicarlos en esta serie de libros especializados.

MIGUEL Á. ZABALZA
Santiago de Compostela
octubre de 2024

INTRODUCCIÓN

La Organización de las Naciones Unidas (ONU) publicó en 2015 la declaración *Transformando nuestro mundo: la Agenda 2030 para el Desarrollo Sostenible* que incluye 17 Objetivos de Desarrollo Sostenible (ODS), desglosados en 169 metas y 232 indicadores, para abordar problemas globales y afrontar los retos sociales, económicos y ambientales del siglo XXI, ofreciendo un plan de acción integral para un futuro mejor. En este contexto, la educación, en todos sus niveles, juega un papel fundamental para preparar a las próximas generaciones de forma que puedan afrontar estos desafíos, y responder así a las necesidades actuales y venideras de la sociedad, particularmente en la educación superior y en la preparación de futuros docentes.

La implementación de los ODS en la Educación Superior no solo fortalece las competencias transversales como la reflexión sistémica, la toma de decisiones, la comunicación efectiva, la colaboración y la resolución de problemas, sino también competencias profesionales, habilidades y valores específicos de la profesión, además de promover una conciencia crítica, una reflexión ética, y ciudadanos y ciudadanas sensibles a los problemas sociales con un alto nivel de responsabilidad social (Murga-Menoyo, 2015; Zhou et al., 2019). Es más, como indican Barth y Michelsen (2013), los programas educativos que incorporan los ODS pueden fomentar un sentido de responsabilidad global y empoderar a los estudiantes* para que se conviertan en agentes de cambio.

---

* Nota. En este libro no hacemos distinción en cuanto a la perspectiva de género, acogiéndonos a la recomendación de la Real Academia de la Lengua Española de utilizar el masculino como genérico, representando así a ambos géneros, y sin que ello signifique ningún tipo de discriminación.

Según Leal et al. (2018), la integración de los ODS en los programas académicos puede enriquecer el aprendizaje y proporcionar al estudiantado herramientas que son esenciales para impulsar el desarrollo sostenible. Precisamente, el Prácticum y las prácticas externas son una excelente oportunidad para ello, en tanto que son un componente sustancial de la formación como futuro o futura profesional; un momento de inmersión, socialización laboral y aprendizaje experiencial; un escenario para desarrollar competencias, aplicar conocimientos y habilidades a problemas concretos; y un contexto real en el que experimentar y aplicar teorías.

Sin embargo, tal como muestra la investigación bibliográfica realizada por Castellar (2020) sobre el desarrollo de los ODS en las instituciones de educación superior, "las universidades aún tienen que seguir trabajando y aportando para mejorar las realidades sociales a través de la producción de conocimiento, invención, innovación y tecnología que ayude a generar desarrollo sostenible a nivel global" (p. 14).

Este libro, con el título *Prácticum y prácticas externas al encuentro de los Objetivos de Desarrollo Sostenible,* es una evidencia de los avances que se han ido realizando en esta línea y de cómo estos objetivos pueden ser integrados para contribuir activamente al desarrollo sostenible. Así, se recogen siete aportaciones que proporcionan un interesante elenco de aproximaciones teóricas, experiencias prácticas y estudios sobre el tema, que se aglutinan en torno a palabras clave como Agenda 2030, Objetivos de Desarrollo Sostenible (ODS), Prácticum, Prácticas externas, docencia universitaria, enseñanza superior e innovación educativa.

En el primer capítulo "El Prácticum y las Prácticas en una Universidad que se compromete con la Agenda 2030", Miguel Ángel Zabalza (USC) plantea el desafío que supone para las universidades ajustar, a los 17 Objetivos para el Desarrollo Sostenible que señala la Agenda 2030, sus dinámicas académicas institucionales, el desempeño docente de su profesorado y la experiencia formativa que ofrece a sus estudiantes, especialmente en el Prácticum.

En el segundo capítulo, "ODS en el Prácticum. Estudio de la producción científica vinculada a la educación inclusiva (1987-2023)", Manuela Raposo-Rivas, María-Ainoa Zabalza-Cerdeiriña y Olalla García-Fuentes (UVIGO) focalizan su atención en el ODS 4: *Educación de calidad.* Particularmente, investigan el tratamiento que se le ha dado a partir de una investigación bibliométrica de las aportaciones generadas en las 17 ediciones del Symposium Internacional sobre el Prácticum y las prácticas externas que, desde 1987, se celebra en el Monasterio de Poio (Pontevedra).

Este abordaje se complementa en el siguiente capítulo, "Sostenibilidad y Aprendizaje-Servicio. Estudio de la producción científica en los Simposios internacionales sobre Prácticum y prácticas externas", donde Manuel Cebrián-de-la-Serna (UMA), Ana Belén Pérez-Torregrosa (UJAEN) y Violeta Cebrián-Robles (UMA) realizan un estudio de revisión documental sobre la sostenibilidad como foco de atención y la metodología de Aprendizaje-Servicio en iniciativas de servicio comunitario.

En el cuarto capítulo, "Las prácticas curriculares como escenario para la adquisición de competencias en línea con los Objetivos de Desarrollo Sostenible", María Luisa Rodicio-García, María Paula Ríos-de-Deus y Ana Díaz-Crespo (UDC) realizan un estudio cuantitativo para conocer si los centros de prácticas trabajan los ODS y, por tanto, si el período de prácticas curriculares contribuye a que se desarrollen competencias alineadas con ellos.

A continuación, María-Luisa Moreno-Gutiérrez y María-José Ramos-Estévez (CEU Cardenal Spínola), en el capítulo "Cómo trabajar los Objetivos de Desarrollo Sostenible en la formación previa del Prácticum del Grado en Educación Primaria", muestran una experiencia de formación apoyada en el Aprendizaje Basado en Proyectos, en la que el alumnado aborda los ODS simulando ser un equipo de coordinación pedagógica de un centro educativo.

En el sexto capítulo, "Promoviendo el pensamiento crítico y los Objetivos de Desarrollo Sostenible a través de la indagación, en las prácticas externas de Educación Infantil", María José Cano-Iglesias y Antonio Joaquín Franco-Mariscal (UMA) exponen una experiencia realizada durante las Prácticas externas del Grado en Educación Infantil de la Universidad de Málaga, relacionada con el ODS 3, *Salud y bienestar*, y el ODS 12: *Producción y consumo responsables*. A través de dos estudios de caso se ejemplifica la práctica científica de indagación para promover habilidades de pensamiento crítico en niñas y niños de 3 a 5 años.

Finalmente, en el último capítulo, "Las prácticas curriculares en la adquisición de competencias relacionadas con la atención a la diversidad sexo-genérica. Un estudio comparado de las guías docentes", Rosa Eva Valle Flórez (ULEON), Mª Jesús Colmenero Ruiz (UJAEN), Rebeca Soler Costa (UNIZAR) y Mercedes Sánchez Sáinz (UCM) analizan la presencia de referencias sobre la atención a la diversidad sexo-genérica o, por el contrario, su ausencia fijándose en las competencias docentes, los contenidos y los resultados de aprendizaje de las guías docentes del Prácticum en diferentes titulaciones de educación.

Somos conscientes de que estas propuestas no son más que pequeñas gotas de agua en la inmensidad del océano, que todavía persisten desafíos relacionados con el desarrollo de los ODS en un mundo cada vez más globalizado e interconectado. Aún se manifiesta cierta falta de conciencia y compromiso con los ODS entre educadores y estudiantes, por lo que se requieren esfuerzos, por ejemplo, para desarrollar planes de estudio y materiales de enseñanza que aborden los ODS de manera transversal. Es fundamental que las instituciones educativas adopten un enfoque más interdisciplinar y colaborativo, que permita fomentar la cooperación entre diferentes disciplinas, organizaciones y empresas, lo que puede enriquecer la comprensión de los ODS y su aplicación en diversos contextos profesionales.

Al incorporar los ODS en la formación práctica de futuros profesionales, podemos empoderar a las próximas generaciones para que sean agentes de cambio positivo y contribuyan a un futuro más justo, equitativo y sostenible para todos. Esperamos que el elenco de experiencias y reflexiones que aquí se presentan, realizadas desde distintas perspectivas, pero enfocadas a un bien común, sean inspiradoras en la consecución de los Objetivos de Desarrollo Sostenible.

MANUELA RAPOSO-RIVAS
Mª AINOA ZABALZA-CERDEIRIÑA
Universidade de Vigo, España

Referencias bibliográficas

Barth, M., & Michelsen, G. (2013). Learning for change: An educational contribution to sustainability science. *Sustainability Science, 8*(1), 103-119. https://link.springer.com/article/10.1007/s11625-012-0181-5

Castellar, E. (2020). Una mirada al estado de las Instituciones de Educación Superior con relación a los Objetivos de Desarrollo Sostenible. *Revista Educación Superior y Sociedad, 32*(2), 14-35 https://doi.org/10.54674/ess.v32i2.296

Leal, W., Manolas, E., & Pace, P. (2018). The future we want: Key issues on sustainable development in higher education after Rio and the UN decade of education for sustainable development. *International Journal of Sustainability in Higher Education, 16*(1), 112-129. https://doi.org/10.1108/IJSHE-03-2014-0036

Murga-Menoyo, M.A. (2015). Competencias para el desarrollo sostenible: las capacidades, actitudes y valores meta de la educación en el marco de la Agenda global post-2015. *Foro de Educación, 13*(19), 55-83. doi: http://dx.doi.org/10.14516/fde.2015.013.019.004

ONU (2015). *Objetivos de desarrollo sostenible.* https://www.un.org/sustainable development/es/

Zhou, L., Rudhumbu, N., Shumba, J., Olumide, A. (2019). Role of higher education in the implementation of Sustainable Development Goals. In Nhamo, G., Mjimba, V. (eds) *Sustainable Development Goals and Institutions of Higher Education. Sustainable Development Goals Series.* Springer, Cham. https://link.springer.com/chapter/10.1007/978-3-030-26157-3_7

I

El Prácticum y las prácticas en una Universidad que se compromete con la Agenda 2030

Miguel Á. Zabalza Beraza

1. Introducción:
Los antecedentes de la Agenda 2030

La Asamblea General de las Naciones Unidas aprobó el 15 de septiembre de 2015 la denominada *Agenda 2030 para el Desarrollo Sostenible*, un ambicioso documento en el que se recogen diecisiete Objetivos de Desarrollo Sostenible que se desglosan en ciento sesenta y nueve metas específicas. Se pretendía que constituyeran los compromisos básicos de la agenda de desarrollo social de la humanidad para los siguientes quince años, en torno a la idea de "erradicar la pobreza, proteger el planeta y mejorar las condiciones de vida y las perspectivas de futuro de todos los seres humanos".

La propuesta de la ONU no surgía de la nada. Se redactó y asumió oficialmente para dar continuidad a un documento del año 2000, *Los Objetivos de Desarrollo del Milenio*, en el que los 189 países miembros de las Naciones Unidas de aquel entonces se habían planteado 8 propósitos de desarrollo diseñados como metas a conseguir antes del 2015.

Ambas propuestas reflejan la preocupación mundial por plantearse metas globales capaces de traspasar las políticas nacionales de desarrollo. Todos habíamos sufrido la enorme crisis económica del 2008 que había resquebrajado el pensamiento ingenuo de entender que cada quien podría salvaguardar su bienestar con medidas locales. Crisis económica, guerras, migraciones forzosas, hambrunas, cambio climático y desastres naturales, enfermedades y un largo rosario de desgracias lograron poner sobre el tapete los puntos débiles de nuestra época. Nos obligaron a levantar la vista de nuestra incómoda comodidad local para observar los enormes problemas transversales que afectaban al mundo en que vivimos. Y las instituciones más comprometidas con esa perspectiva global comenzaron a plantearse propuestas de desarrollo con una orientación planetaria. Las denominaron "agendas". A veces, esas agendas se cruzaban, según pusieran su acento en unas cuestiones u otras.

Una constante de estas agendas es esa visión global del escenario de actuación. Desarrollan una mirada diferente sobre el mundo y el desarrollo, con especial atención a los países más necesitados. Es algo así como reconocer que, en cierta medida al menos, si no avanzamos todos, aunque sea a diferentes ritmos, el avance se hará imposible. Incluye, además, una variación notable en relación a la idea de desarrollo: pensar en el desarrollo como objetivo único y centrado en la mejora de indicadores económicos es insostenible cuando existen problemas estructurales que se cronifican y convierten en lastres cada vez más pesados: pobreza, ignorancia, escasez de recursos, etc.

El desarrollo sostenible se basa en avances en la doble dirección: ir reduciendo los lastres para que los indicadores de desarrollo puedan mejorar.

Y pese a la visión dramática de los ingentes problemas a afrontar, las agendas transmiten un mensaje optimista y proactivo: los problemas son muchos, pero entre todos los podemos ir resolviendo, aunque sea poco a poco. Pero tiene que ser entre todos, en caso contrario, resulta imposible. Obviamente, un documento de este tipo tiene más valor como elemento simbólico que como reglamento programático. Expresa deseos más que directivas. Su impacto real en la transformación de la sociedad y de las políticas de ajustes sociales dependerá, como no puede ser de otra forma, del compromiso que las diversas agencias y agentes sociales asuman sobre el terreno en el que actúan.

Resulta una obviedad que la forma en que se lean, analicen y pongan en marcha los objetivos va a depender de la mirada e intereses de quien se aproxima a ellos. En función de esa mirada, algunos de los objetivos se convertirán en figura y otros pasarán a configurar el fondo del esquema. La visión de una arquitecta será diferente de la de un jurista, una sanitaria o, como es nuestro caso, un educador.

Desde el punto de vista de la educación, la lectura de las agendas resulta fascinante. No solo porque la educación en sí misma constituye siempre uno de los ejes en torno al cual se estructuran las metas, sino porque es fácil constatar cómo todos los objetivos propuestos están cruzados por componentes vinculados con la educación sea como fuente de desarrollo individual de los sujetos, sea como preparación de profesionales para abordar los problemas, sea como escenario de investigación y búsqueda de soluciones.

En lo que se refiere a la Educación, esa preocupación global por el estado de la educación en el mundo venía ya de lejos. En 1990, en la ciudad tailandesa de Jomtien, se aprobaba la *Declaración Mundial sobre Educación para todos* que postulaba universalizar el acceso a la educación y fomentar la equidad poniendo el acento en la mejora de los ambientes de aprendizaje y en la búsqueda de sinergias educativas entre los diversos agentes sociales (buscar una educación rica dentro y fuera de las escuelas).

Poco tiempo después de esta Declaración Mundial, en 1993, se conoció el *Informe Delors: la educación encierra un tesoro*. La Unesco se lo había encargado al político francés con la idea de que diseñara una nueva perspectiva de la educación para el nuevo siglo que se avecinaba. La propuesta de Delors supone una visión de la educación que trasciende lo académico para situarla en el ámbito del desarrollo personal y social de los sujetos. La educación tiene que ver con el conocimiento, pero tiene que ver, sobre todo, con la vida. La vida de las personas y los grupos. Es por eso que la buena educación supone un tesoro.

Diez años después, fue el turno de Dakar (2000) donde se reunió el Foro Mundial sobre Educación para revisar los logros alcanzados a partir de Jomtien. Los avances parciales en algunos países no lograron ocultar el enorme fracaso educativo global con 113 millones de niños sin acceso a la educación y casi 900 millones de adultos analfabetos. La brecha de género era grave y también lo era la desigualdad entre unos países y otros. De ese encuentro surgió el denominado *Marco de Acción de Dakar*, que concreta la propuesta de la calidad educativa en torno a varios ejes: priorizar la primera infancia; asegurar la gratuidad y obligatoriedad de la enseñanza básica; reforzar la enseñanza secundaria como marco de profesionalización y preparación para la vida adulta; disminuir el analfabetismo, prestando especial atención a las mujeres; avanzar en la igualdad de género.

Con el mismo tipo de planteamiento global, pero partiendo de la educación, en mayo de 2015, solo unos meses antes de la Agenda 2030 de la ONU que, de todas formas ya era conocida, tuvo lugar en Incheon (Corea del Sur) el Foro Mundial de Educación, Coordinado por la UNESCO, y con la participación de múltiples organismos internacionales. Se reunieron más de mil seiscientos representantes de ciento sesenta y dos países.

La finalidad de la reunión consistía en desarrollar el que sería objetivo número cuatro de la Agenda 2030: garantizar una educación inclusiva y equitativa de calidad y promover oportunidades de aprendizaje permanente para todos. Surgió así la llamada *Declaración de Incheon,* un manifiesto que destaca en forma específica los desafíos que debería afrontar la educación en la próxima década.

La Agenda 2030 ha coincidido en el tiempo con otras agendas de naturaleza específicamente educativas y más restringidas en su ámbito geográfico y político de referencia. En lo que se refiere a nuestro contexto lingüístico y cultural, la más relevante de dichas agendas ha sido el documento elaborado por la OEI (Organización de Estados Iberoamericanos) en el 2008. El 18 de mayo de ese año, los ministros de Educación de los países iberoamericanos aprobaron el documento *Metas Educativas 2021: la educación que queremos para la generación de los bicentenarios* con el propósito de apostar por una mejor calidad de la educación a partir de dos condiciones: la equidad y la inclusión.

La Agenda de la OEI incluye 11 metas en las que se desgranan valiosos propósitos de desarrollo educativo y social: la participación social en la educación; la igualdad educativa y respeto a la diversidad; el aumento de la oferta educativa; universalizar la primaria y secundaria superior; mejorar la calidad del currículo; reforzar la conexión entre educación y empleo; potenciar la formación a lo largo de la vida; mejorar la formación docente; creación de un espacio iberoamericano de conocimiento e investigación; aumentar las inversiones en educación; y evaluar el funcionamiento de las innovaciones que se vayan introduciendo.

En definitiva, las Agendas constituyen un doble ejercicio de análisis sobre el mundo de la educación. Al hacer propuestas de mejora y desarrollo social se está poniendo en evidencia cuál es el diagnóstico del que se parte y, también, cuál es la forma en que pretende plantear los problemas diagnosticados. En ambos sentidos, la aportación de las Agendas me parece muy importante. Obviamente, cuando uno entra en su contenido se ve que las cosas que señalan y proponen son siempre obviedades, cosas sabidas desde antiguo. Si no se van afrontando no es por desconocimiento sino por falta de voluntad y/o de recursos para hacerlo. Y ahí es donde las Agendas adquieren un sentido especial. No tanto por lo que señalan, cuanto por lo que suponen de acuerdo internacional, de generación de esfuerzos colectivos entre países, de compromiso global.

Es en ese aspecto en el que pretendo analizar aquí la Agenda 2030. Se trata de una propuesta que se ha universalizado como ninguna otra lo había hecho con anterioridad. Sus propuestas comprometen a individuos y organizaciones, a colectivos sociales y a sectores productivos. Todos tenemos mucho que aportar en los diversos ámbitos de acción que recogen los ODS. Y, desde luego, para la educación (en todos sus niveles y componentes) constituye un compromiso central.

Si queremos que la educación ocupe una función relevante en el desarrollo individual y social tiene que hacerse presente y en un rol protagonista dentro del marco de ideas y propuestas que indica la Agenda 2030. Y si no lo hace, irá quedando relegada a un papel secundario vinculado a la alfabetización cultural y académica de niños y jóvenes. Y esa situación de *outsider* en las grandes dinámicas sociales, científicas y tecnológicas de la humanidad, afectaría de manera muy especial a las universidades y centros de Educación Superior.

2. Los ODS y la Universidad

Como se acaba de señalar, los ODS constituyen, simultáneamente, una especie de mapa de necesidades y una guía para poder afrontarlas. Hacen el diagnóstico de los problemas más relevantes del mundo que nos ha tocado vivir y nos proponen vías de solución. Puesto que se trata de una mirada global, tanto los problemas como las soluciones (o propósitos de mejora) se definen en términos amplios, a sabiendas de que en cada situación habrá que incorporar los matices y condiciones que la situación requiera. No es lo mismo abordar la pobreza en un país desarrollado que en el tercer mundo, ni el problema del agua en un país nórdico que en otro africano.

De cara a la Universidad y al compromiso de la Universidad con los ODS lo podríamos abordar desde tres perspectivas diferentes:

a) ¿Cómo hace una Universidad para adentrarse en esa línea de trabajo que proponen los ODS?

b) ¿Qué aportan los ODS a la Universidad: qué mirada diferente de lo universitario (el proyecto formativo, el currículo, el Prácticum, la investigación, etc.) podemos hacernos desde la Agenda 2030?

c) ¿Qué puede aportar la Universidad a los ODS, a las acciones que los ODS proponen: qué papel puede jugar la Universidad en el desarrollo de los diferentes objetivos?

La primera cuestión antecede, obviamente, a las otras dos. No es fácil comprometerse con una propuesta tan global y utópica para los esquemas disciplinares rígidos que son habituales en las organizaciones académicas. Si algo tienen de relevante los ODS ese algo es, justamente, su carácter transformador. Haciendo lo mismo que veníamos haciendo es bastante improbable que se vaya a avanzar mucho en las propuestas de los ODS. Esa posibilidad solo se abrirá si los propios ODS y la filosofía que figura en su base nos ayuda a ver la función universitaria de otra manera. Una manera desde la cual sea posible seguir cumpliendo la misión institucional que nos corresponde, pero ahora ya enriquecida por esa nueva mirada que los ODS transmiten.

Analicemos, por tanto, esas tres líneas de conexión e influencia entre ODS y Universidades.

2.1. ¿Cómo incorporar al modelo ODS en la organización interna de las Universidades?

Las guías que se han ido elaborando para llevar a cabo este proceso de implicación de las universidades con los ODS señalan cinco fases:

1. Conocer e identificar lo que ya se está haciendo en la propia universidad y en otras del entorno en torno a las cuestiones planteadas por la Agenda 2030: *mapeo*.

2. Conocer más en profundidad lo que los ODS significan y plantean para la formación, la docencia y la investigación universitaria: *apropiación*.

3. Identificar colectivamente las prioridades, posibilidades y dificultades que conlleva la asunción de compromisos con los ODS en la institución: *contextualización*.

4. Integrar y poner en marcha elementos de los ODS en las dinámicas y estrategias de acción institucional: *integración*.

5. Monitorizar, evaluar y comunicar las iniciativas adoptadas con respecto a la Agenda 2030 en la institución: *seguimiento*.

Es fácil observar que, en realidad, se trata de un proceso construido bajo el esquema que adopta cualquier innovación. Lo importante a destacar, en este caso, es que se trata de una innovación institucional, no es algo que se pueda desarrollar a través de iniciativas de profesores individuales, puesto que implica cambios estratégicos, organizativos y curriculares en las universidades. Y, también, porque de lo que se trata es de llevar a cabo una transformación importante en los planteamientos que desde la universidad se haga de su misión social.

Esta dimensión institucional del cambio que plantea la Agenda 2030, lo reconocían los representantes de más de 600 universidades de 26 países en la Declaración de Salamanca (2018):

"[Las Universidades] deben hacer también una reflexión estratégica ante los objetivos de Desarrollo Sostenible, en el marco de una política universitaria de cooperación social, que debe necesariamente incluir aspectos de acceso, equidad, internacionalización y un espíritu innovador y emprendedor. En consecuencia, es fundamental la autorreflexión, la búsqueda constante de buenas prácticas y nuevas ideas, y una voluntad de adaptarse y de cambiar, para poder seguir contribuyendo de manera contundente al desarrollo social y territorial".

2.2. ¿Qué aportan los ODS a la Universidad?

Cuando uno lee los 17 objetivos que recoge la Agenda 2030 queda abrumado por la gran carga de responsabilidad que van destilando en sus enunciados. Hay tantas cosas que mejorar en el mundo que produce vértigo considerarlas todas en bloque. Se entra en una especie de bloqueo mental que se puede convertir en un *cul de sac*, en una especie de rotonda con tantas indicaciones y referencias que la convierte en un callejón sin salida.

De todas formas, es claro que la Agenda 2030 constituye una mirada sobre el mundo que nos plantea no pocos compromisos. En el 2017, el *Sustainable Development Solutions Network* (SDSN) de Australia/Pacifico ofreció a las universidades una guía para vincularse a los ODS. Esta Guía ha sido traducida a diferentes idiomas, entre ellos el español (REDS/SDSN Spain, 2017), y ha sido una de las referencias que las universidades han adoptado para incorporarse a los compromisos internacionales con la Agenda 2030. También la ha asumido la Red Española para el Desarrollo Sostenible (REDS).

Con respecto al punto que venimos analizando en este apartado, la mencionada guía señala cuatro grandes espacios de la misión universitaria (Figura 1.1) en los que los ODS pueden tener un gran impacto: formación, investigación, gobernanza y liderazgo social.

Figura 1.1. *Impacto de los ODS en la Universidad.*

Formación	Investigación	Gobernanza	Liderazgo Social

Efectivamente, la naturaleza de los ODS y el sentido que su proclamación por parte de la ONU les confirió poseen una fuerte capacidad de impacto en las cuatro grandes misiones que la universidad está llamada a desarrollar como institución social.

En lo que se refiere a la *formación* está claro que cada ODS posee contenido formativo (tanto teórico como operativo) y está, a la vez, saturado de valores sociales y educativos. Alinearse con la Agenda 2030 va a exigir cambios en el proyecto formativo y en los currículos que las universidades imparten. También la *investigación* puede y debe alterarse y acoger nuevos planteamientos si los ODS y sus propuestas se asumen como marco de referencia. Los grandes problemas mundiales requieren fuertes dosis de investigación que nos vaya aproximando a soluciones viables y sostenibles.

La *gobernanza* y *gestión universitaria* es otro de los ámbitos en los que los ODS van a ejercer presión hacia cambios en las rutinas y en las condiciones de sostenibilidad dentro de las instituciones. No podemos insistir desde la educación en las cosas que hay que hacer para mejorar la sostenibilidad sin aplicarnos nosotros esas mismas recetas en todos los ámbitos, desde la igualdad hasta los residuos, desde la sostenibilidad energética a la inclusión y la búsqueda del bienestar colectivo.

Y, finalmente, la universidad tiene una fuerte presencia social y una notable capacidad de impacto en los diferentes ámbitos sociales. Ya no es tan protagonista en lo científico, lo cultural o lo educativo como lo fue en otros tiempos, sobre todo porque han aparecido nuevos agentes sociales que ocupan también espacios culturales, científicos y de dinamización social. Pero, pese a ello, la universidad sigue manteniendo una importante presencia social, sobre todo en lo que se refiere a la formación y acreditación de quienes han de ser futuros profesionales y líderes sociales. La universidad crea y transfiere conocimiento; la universidad se vincula con instituciones sociales para llevar a cabo proyectos de diverso tipo; la universidad hace aportaciones relevantes a la construcción de la identidad colectiva a través de sus actuaciones y publicaciones.

2.3. Otras aportaciones de los ODS a la Universidad

Y además de todo ello, hay otras aportaciones de los ODS a la Universidad, quizás un poco más rebuscadas y cualitativas, que me gustaría resaltar en este apartado:

a) La primera de todas es esa sensación de *ponerte en el mundo*, en esa realidad compleja y problemática que es el mundo, la gente, el desarrollo. Los centros educativos constituyen ecosistemas privilegiados en los cuales es fácil sentirse bien, al menos en los contextos en los que nosotros nos movemos. Son, además, estructuras sociales con una fuerte tendencia centrípeta: el mundo interno de la institución se diferencia claramente del mundo de fuera: lo que se hace, lo que se lee, lo que se valora. Solemos centrarnos mucho en las tareas que hacemos, en las personas que participan, y en los resultados que responden a nuestros propios objetivos, sobre todo, referidos al aprendizaje disciplinar. Es esa tendencia endogámica de lo académico que predomina en tantas instituciones educativas.

No es habitual que las universidades e instituciones académicas miren hacia fuera, hacia lo que sucede en el mundo. Nuestro objeto central de trabajo son las personas y su formación y a ellos se enfoca nuestra actuación. Es cierto que en los últimos años esa cerrazón institucional tradicional se ha ido abriendo al mercado, a la cultura, a la solución de problemas sociales. Lo ha hecho a través de la investigación y la transferencia de conocimiento. Una buena muestra de ello es lo que ha sucedido durante la pandemia y el gran esfuerzo que a través de la investigación (no solo universitaria, pero también universitaria) se ha realizado en la búsqueda de medicamentos y en el estudio de fórmulas para anticiparse a los procesos de extensión y agravación de los contagios.

Pero, aun habiendo mejorado, no es ésa la tendencia normal en la visión que de la universidad tenemos quienes trabajamos en ella, mucho más pendientes de lo que tenemos que hacer dentro que de lo que podríamos hacer fuera.

b) Una de las transformaciones más interesantes que podemos extraer de los ODS como mensajes a la universidad es la *transformación de la propia idea de formación y de aprendizaje.* Estamos muy acostumbrados a ver y analizar la idea de educación (y las que se derivan de ella: formación, aprendizaje, etc.) desde una perspectiva centrípeta. La experiencia educativa analizada como algo que una persona vive (el/la estudiante) y que le enriquece, le hace competente, le mejora tanto en sus recursos cognitivos como procedimentales y de actitudes.

Es decir, escuelas y universidades asumen compromisos con las personas a las que atienden. Aunque también la hay, es menos frecuente encontrarse con instituciones que asuman planteamientos centrífugos, esto es, que planifiquen y desarrollen propuestas educativas y de formación que amplíen sus resonancias al entorno donde se producen, no solo a los estudiantes que las cursan.

c) Y, yendo un poco más al fondo en esa visión metainstitucional del dar formación, podríamos llegar a una visión de lo educativo alineado con esa mirada. Solemos analizar el proceso educativo en términos de retornos personales. Educarse es formarse, es recibir instrucción, es crecer, es irse desarrollando como sujeto individual. Ciertamente, educarse es todo eso, pero por qué no podemos pensar la educación y el aprendizaje desde una perspectiva más transitiva: *formarse* es formar a otros (también los estudiantes), es dar, es mejorar las condiciones de vida de las personas con las que convivimos, es hacer crecer a otros. Lo segundo no sustituye a lo primero, pero lo enriquece, lo abre al contexto. Si todo el retorno del aprendizaje se vincula y acaba siendo una mejora solo del propio aprendiz, resulta siempre más pobre que si lo concebimos como un espacio de mejora más amplio y en el que incluyen otros elementos del contexto.

d) Otra aportación interesante de los ODS a las universidades tiene que ver con esas *luces largas* que proyectan sobre la realidad del mundo. Frente a perspectivas académicas muy enfocadas en contenidos disciplinares, centradas en el dominio conceptual de las disciplinas de nuestra área, y en la resolución de problemas de manual, la Agenda 2030 nos obliga a abrirse al mundo y a las diversas problemáticas que en él se producen.

Ya habían señalado Postman y Weingartner, en 1973, que la educación debía funcionar como un termostato cultural: cuando las dinámicas sociales se abren y dispersan con el riesgo de perder valores locales básicos, la educación debe hacerse conservadora de lo bueno local, garantizar que no se pierda aquello que nos da identidad; cuando lo que sucede es lo contrario, porque tendemos a reducir nuestras consideraciones a cuestiones restringidas (locales, disciplinares, etc.), el papel de la educación es llevarnos a miradas más amplias y globales para no perder de perspectiva el mundo en que vivimos.

Ahora que las carreras tienden a una sobre especialización, esta idea de la Agenda 2030 como termostato me parece muy pertinente porque supone la apertura a los problemas globales de la humanidad.

3.3. ¿Qué puede aportar la Universidad al desarrollo de los diversos ODS?

La propuesta de desarrollo global que la ONU plantea en la Agenda 2030 va dirigida a todos los agentes sociales, pertenezcan al mundo de la política, de las finanzas, de la cultura o de los servicios. Dado que todo interactúa en la configuración de la vida de las personas, todos estamos concernidos por cómo vayan las cosas. De todas formas, no falta en los documentos sobre ODS y Universidades un pensamiento no explicitado con claridad de la responsabilidad que esas altas instituciones pudieran haber tenido en que las cosas hayan llegado al nivel que han llegado. En ella se forman los profesionales y los políticos que hubieran tenido la capacidad de orientar el desarrollo social y económico por vías más sostenibles que las que han utilizado.

Desde ese sentimiento de que las cosas podrían haberse hecho mejor, con más conciencia global y con mayor conocimiento de los efectos que la acción humana podría provocar en la naturaleza y en la sociedad, se le pone a la universidad frente al espejo de su propia responsabilidad en la reversión de los efectos nocivos de un desarrollo poco controlado.

Por todo ello, las escuelas y universidades están vinculadas a ese desarrollo en un sentido profundo. De hecho, a lo largo de las consideraciones que la Agenda 2030 incluye, es fácil extraer la idea del fuerte protagonismo que a las instituciones académicas les corresponde asumir en el logro de los ODS. Y no solamente en el nº 4, que alude directamente a la educación, sino en todos ellos porque de alguna manera, el logro de todos y cada uno de los objetivos está condicionado por elementos educativos, sea en lo que se refiere a los sujetos que padecen los problemas, sea en lo que se refiere a los profesionales que serán precisos para abordarlos, sea en la investigación que se requerirá para ir perfeccionando la tecnología y los recursos para lograr superarlos.

Partamos, por tanto, de la idea de que las Universidades (dejaré, de momento, las escuelas al margen) están llamadas a actuar como agentes relevantes de un desarrollo sostenible. Y a hacerlo en relación a todos los ODS, aunque en algunos de ellos su participación resulte más importante. Esa responsabilidad social corporativa de las universidades se deriva de la importante influencia que sus decisiones y su funcionamiento pueden tener en el contexto social y cultural en el que actúan. *Las universidades son agentes sociales relevantes*:

- Por su *función*. La formación personal y técnica de los profesionales.
- Por su *ámbito de influencia*. Se está trabajando con jóvenes de 20 a 25 años que serán los profesionales que construirán el futuro.
- Por su *relevancia social y su credibilidad*.
- Por su capacidad de *investigación y capacidad de creación y transferencia de conocimiento*.

Con esos avales, las universidades pueden ofrecer a los ODS numerosas aportaciones. Las propias universidades, a través de la CRUE (2021), han concretado este compromiso en una amplia serie de líneas de trabajo:

1) Asumir de manera transversal los principios, valores y objetivos de los ODS.

2) La inclusión de competencias vinculadas a los ODS en todos los sectores de la comunidad universitaria (estudiantes, profesorado, PAS).

3) La generación y la transferencia de un conocimiento comprometido con el Desarrollo Sostenible.

4) La puesta en marcha de procesos innovadores centrados en los ODS.

5) El fortalecimiento de los vínculos y alianzas con otros agentes sociales con vistas a generar sinergias transversales capaces de abordar los problemas complejos que plantea la Agenda 2030.

6) La articulación de un debate público y abierto en torno al desarrollo sostenible y la Agenda 2030.

7) Visibilizar e informar sobre las iniciativas puestas en marcha y los logros alcanzados de forma que puedan actuar como prácticas de referencia para otras universidades y organismos.

De hecho, ya se están haciendo muchas cosas en las universidades. Ana Alcaraz y Pamela Alonso (2019) han recogido en su informe sobre el papel de las universidades en relación a la Agenda 2030, numerosas contribuciones al desarrollo de los ODS. En el documento de 2020, titulado *Implementando la Agenda 2030 en las Universidades*, (Miñano y García Haro, 2020), la Red Española para el Desarrollo Sostenible ha hecho un recuento de diversas iniciativas (les llaman "casos inspiradores") que en ese momento se llevaban a cabo en las universidades españolas. Tomo de dicha publicación la imagen (ver Figura 1.2) en la que las experiencias analizadas se distribuyen en tres categorías: a) iniciativas ODS *en la docencia formal*; b) iniciativas *en la comunidad universitaria*; y 3) experiencias *en la sociedad*.

En la primera se recogen acciones relacionadas con la actuación del profesorado tanto a nivel individual (en sus disciplinas y clases) como a nivel de grupo o sector. Ahí habríamos de colocar la incorporación de los ODS a guías docentes, a las innovaciones en metodologías, los ejemplos

Figura 1.2. *Casos inspiradores de la aplicación de los ODS en la Universidad (REDS).*

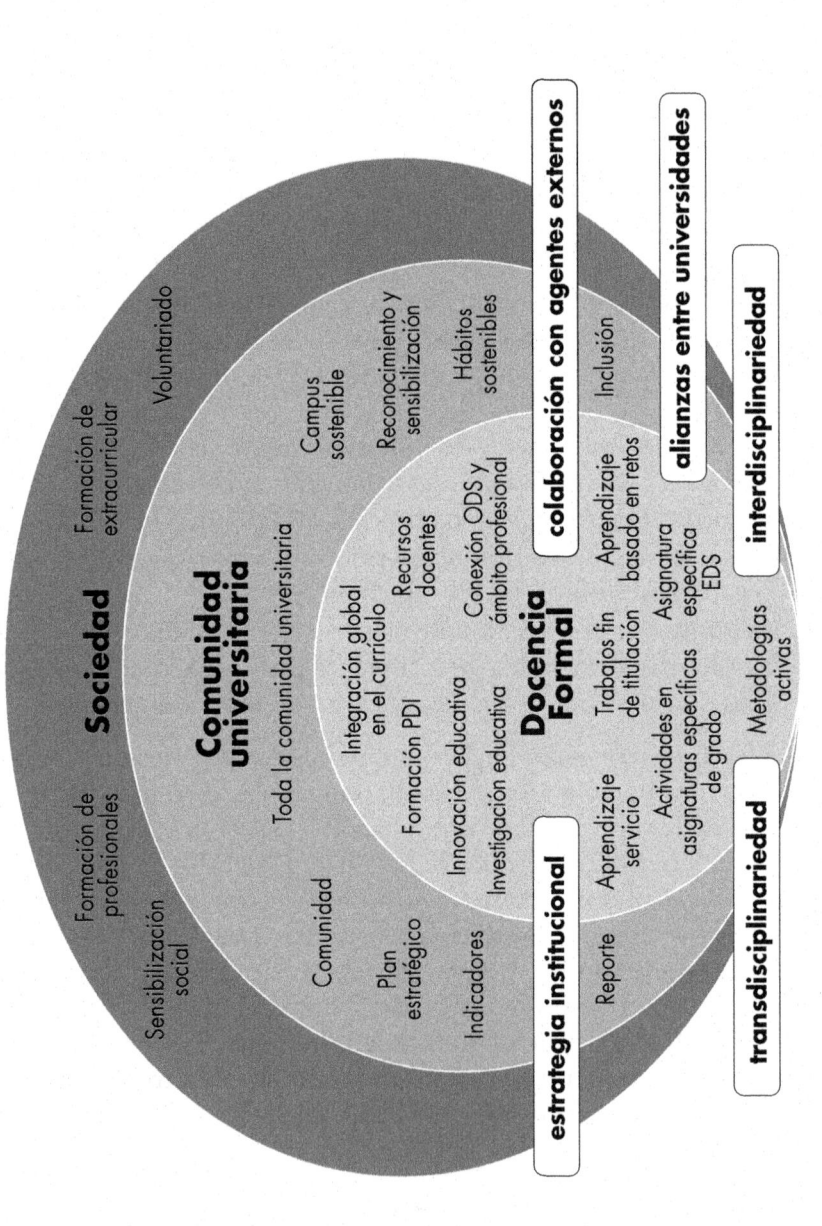

y prácticas de las asignaturas, las investigaciones, los trabajos de final de grado o máster, etc. A nivel institucional o de comunidad, la REDS sitúa experiencias vinculadas al proyecto educativo institucional y al plan estratégico, la incorporación de los ODS a los indicadores de calidad institucional analizados en las evaluaciones, los programas de inclusión, la organización del campus, etc. Finalmente, cuando se refieren a las experiencias ODS que vinculan la universidad con la sociedad aparecen iniciativas vinculadas a la formación de profesionales, la organización de las prácticas, los convenios, las experiencias de voluntariado, los ciclos de sensibilización, etc.

La imagen incluye además los tres ejes lingüísticos que podrían resumir el compromiso práctico de las universidades con la Agenda 2030. El primer eje resulta clave, en mi opinión: ese compromiso ha de ser un *compromiso institucional* que lo convierta en proyecto educativo global y estrategia colectiva de desarrollo. Las experiencias aisladas de trabajo sobre ODS tienen perfecta cabida en las propuestas individuales de los docentes, pero solamente adquieren su valor formativo completo cuando se convierten en estrategias institucionales y logran permear toda la experiencia formativa que nuestros estudiantes viven en sus años universitarios.

El segundo eje tiene que ver con las *vinculaciones y colaboraciones externas*. Los ODS constituyen un planteamiento tan amplio y complejo, con tanta potencia formativa que desborda las posibilidades de una institución aislada. Exige sinergias entre los diversos agentes formativos y, desde luego, entre las diversas universidades cuyas prioridades coincidan o resulten próximas. Y el tercer eje tiene que ver con la *interdisciplinaridad*. Tanto los problemas a afrontar, como las herramientas para hacerlo son siempre interdisciplinares. Sea la pobreza, sea la desigualdad, sea el bienestar social o el equilibrio de los ecosistemas, sea la educación, ninguno de esos temas se agota en una consideración disciplinar.

Pero junto a estos importantes puntos que las universidades se plantean formalmente, me gustaría señalar otras dimensiones menos visibles, pero igualmente relevantes para la configuración de una cultura de la sostenibilidad en el ámbito académico:

a) Que no existan barreras organizativas o burocráticas que dificulten el abordaje de los ODS tanto en el marco curricular como en el extracurricular.

Cuando se ha utilizado la guía de *¿Cómo evaluar los ODS en las Universidades?*, no son pocos los centros que se han encontrado con barreras de diverso tipo que dificultaban un compromiso más activo con la Agenda 2030. Cuando el manejo didáctico de los programas o los horarios o las tareas se convierte en algo rígido y preestablecido, cualquier innovación se hace imposible. La primera condición, por tanto, es que no sea la propia institución la que dificulte una aproximación a los ODS.

b) Que se conozcan en profundidad.

Al final, las universidades son eso, centros de aprendizaje y de transferencia de conocimientos. Bien como una asignatura específica, bien como un contenido transversal, bien a través de experiencias formativas (como sucede con el Prácticum), las universidades pueden lograr que, a lo largo de los años de su formación, todos sus estudiantes hayan conocido, trabajado y vivido en profundidad los ODS.

c) Que se vinculen a los perfiles profesionales de todas las especialidades.

La organización académica de las universidades en torno a carreras y especialidades permite incorporar los ODS no solo como ideas generales sino vinculadas a las competencias y compromisos propios de cada profesión. Es decir, se puede hacer una lectura diferenciada de cada uno de los ODS en base a la capacidad de intervención sectorial de cada profesión (¿qué pueden hacer los/as arquitectos para disminuir el hambre, o el aprovechamiento del agua, o...?). Obviamente, insistiendo más en aquellas cuestiones más próximas al quehacer técnico de cada profesión (¿Qué puede hacerse desde la arquitectura para avanzar hacia ciudades y asentamientos más inclusivos, seguros y sostenibles?).

d) Avanzar hacia propuestas curriculares interdisciplinares.

Todos los asuntos que se mencionan en los ODS tienen, en principio, una naturaleza mixta que va más allá del territorio disciplinar parcelado que estamos acostumbrados a manejar en los currículos académicos. La pobreza, el hambre, los mares, la energía, la equidad desbordan cualquier marco curricular singular y nos fuerzan a consideraciones transdisciplinares, aunque solo sea como momentos, experiencias, reflexiones que se introduzcan en el proceso formativo que siguen nuestros estudiantes.

e) Que se incorporen a todas las posibles actuaciones profesionales como marco de referencia y como criterio que las oriente y condicione.

El tema de la sostenibilidad en el ámbito de los diversos contenidos de la Agenda 2021 bien podría convertirse en uno de los estándares universales para poder evaluar la pertinencia y oportunidad de cualquier propuesta profesional que se haga. De la misma manera que no se puede hacer una intervención urbanística, empresarial o viaria sin tomar en consideración su impacto ambiental. Lo mismo podríamos hacer con respecto a la sostenibilidad y los ODS: ¿qué aporta este trabajo, esta intervención, esta propuesta al conjunto de los objetivos ODS o a alguno de ellos?

f) Que se conviertan en marco de referencia para las investigaciones y desarrollos tecnológicos.

Una de las funciones básicas de la universidad es la investigación y el desarrollo de herramientas que ayuden a resolver los problemas y a propiciar el progreso en los diversos campos de actuación profesional. Los ODS pueden ayudar en la definición de las temáticas prioritarias a abordar. Aunque la universidad no puede ni debe renunciar a trabajar sobre cuestiones vinculadas a las ciencias básicas y la cultura, tampoco puede ni debe alejarse de las que son necesidades más urgentes en el desarrollo de las personas y la calidad de vida. Los ODS nos abren a un panorama de necesidades urgentes sobre las que las universidades tienen mucho que aportar.

g) Ampliar el espacio de influencia y liderazgo institucional más allá de su entorno próximo.

Las universidades españolas llevan ya años abriendo su espacio de influencia hacia espacios y territorios ubicados en países en vías de desarrollo. Desarrollan programas de cooperación tanto en cuestiones curriculares como de investigación. Es interesante constatar cómo esa experiencia en países menos desarrollados ha supuesto para nuestras universidades europeas un importante aprendizaje en relación a la importancia que en aquellas universidades, especialmente iberoamericanas, se otorga a la vinculación entre lo académico y lo social.

3. ODS y Prácticum

Y tras esta puesta en contexto entramos en el eje central de nuestro tema: el Prácticum en el marco de una Universidad comprometida con los ODS.

¿De qué manera se habría de notar ese compromiso con los ODS a la hora de planificar y desarrollar el periodo de prácticas de nuestros estudiantes? Esa es la cuestión a la que deberíamos ser capaces de responder aquí. Es curioso cómo en el ya largo listado de experiencias universitarias vinculadas a los ODS, aún son pocas las que se refieren directamente al Prácticum. Sí que las hay, desde luego, pero aún son escasas. Necesitamos mayor caudal de experiencias e investigaciones para ir trazando las líneas maestras sobre las que construir propuestas bien fundamentadas de vinculación entre Prácticum y ODS.

Empezaré por señalar dos condiciones de partida para establecer adecuadamente esa conexión entre ODS y Prácticum:

- La primera condición es entender el Prácticum como una parte sustantiva del proyecto formativo que desarrollamos en nuestras universidades. Por tanto, esa unión entre ODS y Prácticum ha de estar siempre mediada por el propio proyecto formativo de la Facultad o del conjunto de la Universidad del que el Prácticum forma parte.

   Pudiera haber experiencias de diverso tipo de prácticas y/o experiencias extracurriculares vinculadas específicamente a alguno de los ODS, pero suelen ser iniciativas puntuales que no marcan la estructura y sentido del proyecto formativo de la institución. Son interesantes, sin duda, pero su incidencia es coyuntural y superficial.

- Quisiera leer los ODS como un mapa de metas que adquiere sentido visto en su globalidad. La sostenibilidad ha ido poco a poco centrándose en las cuestiones ambientales y de la energía, pero esa es una perspectiva incompleta. Se han dado avances muy interesantes en ambos ámbitos, lo cual es bueno, pero lo es menos si se hace a costa de desconsiderar los otros lados del poliedro de la sustentabilidad.

Bajo esta doble condición podemos avanzar en el análisis de cómo podríamos vincular el Prácticum con los ODS.

1. Todo lo dicho en el apartado general de los ODS tiene cabida aquí: nos abren la perspectiva para llegar más allá de lo académico; nos acercan a realidades complejas y, en algunos casos, lejanas a las nuestras; dan sentido a lo que vamos aprendiendo

poniéndonos ante los ojos lo podríamos hacer para mejorar la vida de los demás; permiten combinar los aprendizajes tanto conceptuales como prácticos con esa otra dimensión tan importante en la formación como son los valores y la empatía con quienes no gozan de nuestra calidad de vida.

2. Vincularse a la realidad del entorno, pero sin reducirse a él. Es necesario transitar de lo local a lo global, aunque sea buscando analogías y contrastes (sobre todo porque no podríamos desplazarnos a contextos más necesitados, pero lejanos).

3. Explorar realidades lejanas a las nuestras, pero relevantes para encontrar el sentido que tienen los ODS en situaciones de emergencia.

> Me comentaba un colega londinense una estrategia que ellos utilizaban para lograr esta trasposición de lo local a lo global: las tareas que encomendaban a sus estudiantes las situaban en contextos internacionales muy diferentes a los locales: diseñar un tendido eléctrico en Camerún; analizar la viabilidad de una empresa en Cuba; analizar la sostenibilidad de los acuíferos en una zona rural argentina; analizar los problemas de convivencia en los campamentos de refugiados (...) La cuestión era siempre llevar a sus estudiantes a pensar su profesión más allá de las condiciones de su propio entorno, mirar las realidades con luces largas.

4. Mezclar el aprender in situ con el resolver problemas en ese contexto. No vale solo una lectura descriptiva de las situaciones en que se realiza el prácticum, sino una búsqueda de posibles soluciones, aunque sean parciales.

5. Entrar en contacto con la gente y conocer de propia voz sus circunstancias.

6. Ayudar a los estudiantes a reexaminar sus propios esquemas mentales en torno a los diferentes ámbitos que plantean los ODS: lo que piensan sobre la pobreza, sobre el hambre, sobre la energía, sobre la sostenibilidad de los bosques, sobre las ciudades y asentamientos humanos, etc. Sobre algunos de esos temas seguro que tienen una conciencia clara (calentamiento global, igualdad de género, etc.), pero sobre otros es bastante probable que no o que lo que sepan sea superficial o prejuicioso.

7. Imprimir en todo lo que se desarrolla durante el Prácticum (diario, memorias, investigación, actuación) esa reflexión sobre aquel ODS que se encuentre más próximo a lo que se hace

o vive. La cuestión es que esa reflexión (¿qué relación tiene esto que estoy haciendo o viviendo con alguno de los ODS?). Esta misma idea debería proyectarse sobre los trabajos de integración de aprendizajes que hacen los estudiantes: trabajos disciplinares, TFG, TFM, tesis, etc.

8. Ese abrirse al mundo (que ya se está haciendo con programas muy ricos formativamente como los intercambios, el aprendizaje servicio, las salidas al entorno, etc.) debe ampliarse con otras temáticas (participación en ONG, viajes de estudio, intercambio de estudiantes con países diferentes, etc.). Lo que hacían los ingleses con los proyectos en países africanos.

En resumen, se trata de "ODSear" el Prácticum en aquellos aspectos que responden mejor a la filosofía de los ODS:

- Prácticum abierto al mundo y sus problemas.
- Reflexionar con luces largas: ¿qué tiene que ver lo que estoy haciendo y aprendiendo en el Prácticum con los grandes problemas del mundo?
- Implicarse en la resolución de problemas reales.
- Incluir experiencias alineadas con los ODS: aprendizaje servicio, ONG, tareas sociales vinculadas a la propia carrera, investigación sobre ODS concretos en el propio contexto, diseñar actuaciones profesionales en contextos lejanos, intercambios, trabajos colaborativos con estudiantes de otros países, etc.

4. En conclusión

Algunas reflexiones importantes podríamos plantearnos para dar un final reflexivo a este capítulo.

1. La primera de ellas tiene que ver con la visión institucional de la Agenda 2030. Vista desde la perspectiva de lo que supone como *propuesta de innovación*, aproximarse a una educación alineada con los ODS supone un reto académico que implica cambios tanto en los contenidos como en las condiciones de las actividades formativas propuestas a nuestros estudiantes.

Pudiera ser que el inicio del proceso responda a la particular sensibilidad de algunos docentes, pero la meta ha de ser siempre un enfoque institucional, esto es, convertir los ODS en un componente fuerte de la coreografía didáctica de las universidades *(whole institution approach)*.

2. Las universidades han ido haciendo muchos cambios al socaire de los ODS, especialmente en lo que se refiere a la sostenibilidad ambiental, el reciclaje de residuos, Eso es cierto y se van logrando metas parciales. La Guía *Cómo evaluar los ODS en las universidades* (Alba et al., 2020) señala cómo ir centrando la observación en algunos indicadores que nos puedan ofrecer evidencias de los avances logrados. Y efectivamente, se comprueban logros importantes. También habría que reconocer que son cambios que tienen que ver más con elementos objetivos que con el compromiso con esa filosofía humanista y global que los ODS propicias.

3. Si analizamos uno a uno los ODS lo que nos encontramos como línea argumental transversal es que todos ellos están orientados a la mejora de la *calidad de vida* de las personas, de todas las personas. La calidad de vida depende, obviamente, de muchos factores vinculados al medio ambiente, a los recursos económicos, a la salud, la educación, el modo de vida, etc. Pero cualquiera de esos objetivos está siempre orientado a que las personas vivan mejor.

4. La cuestión es que los gobiernos, las instituciones, los agentes sociales tengan siempre esa referencia y asuman ese compromiso: qué se puede hacer para mejorar la calidad de vida de las personas. Y situados en ese contexto, también la universidad debería hacerse esa misma pregunta: ¿Qué podríamos hacer, qué cambios serían necesarios para mejorar la calidad de vida de las personas que forman parte de nuestra institución? ¿Qué tareas nos quedan pendientes para convertir nuestra institución en una organización saludable, en un entorno laboral y social donde las personas se sientan satisfechas, bien integradas, apoyadas, reconocidas? ¿Están en esa línea de avance las universidades?

Y no quisiera concluir este capítulo sin una reflexión sobre nosotros mismos (REPPE y el grupo que hemos mantenido estos congresos sobre el Prácticum desde los años 80). Y lo planteo (nos lo planteo) para no incurrir en el habitual discurso pastoral de querer decir a los demás lo que deberían hacer, pero sin aplicárselo a sí mismos.

También nosotros deberíamos plantearnos qué tipo de compromisos podemos/debemos asumir con respecto a los ODS. De qué manera podríamos incorporar a nuestros encuentros en Poio esa filosofía de la globalidad y desde una mirada sobre el Prácticum y las prácticas con luces largas. Las preguntas podrían ser las mismas que se han planteado con respecto a la universidad: ¿Qué nos aportan los ODS tanto al Symposium de Poio como a nuestra revista *REPPE* y qué podemos aportar nosotros a los ODS?

No será fácil articular una respuesta adecuada, pero creo que deberíamos pensarlo y reflexionar sobre ello. Por supuesto, parte de nuestro compromiso en ese sentido es mantener inmutable el criterio de la naturaleza formativa del Prácticum. Esa ha sido la línea roja irrenunciable en nuestra visión del Prácticum y en ello hemos estado desde el inicio. En ello y en visibilizar buenas experiencias del Prácticum, tarea a la que los Gestores de la Agenda 2030 dan mucha importancia.

También podríamos intentar llenar la experiencia del Prácticum en las diversas carreras de contenidos y actuaciones vinculadas a algunos de los ODS. Pero habrá. seguro, muchas otras cosas con las que podríamos integrarnos en este movimiento imparable de agentes sociales comprometidos con la Agenda 2030. Es la tarea que nos queda pendiente.

Referencias bibliográficas

Alba Hidalgo, D., Benayas del Álamo, J., Blanco Portela, N. (Coords.) (2020). *Cómo evaluar los ODS en las Universidades.* Red Española para el desarrollo sostenible. https://reds-sdsn.es/wp-content/uploads/2020/04/Gui%CC%81a-COMO-EVALUAR-ODS-2020-AAFF.pdf

Alcaraz, A. y Alonso, P. (2019). *La contribución de las universidades a la Agenda 2030.* Unitat de Cooperació, Servei de Relacions Internacionals i Cooperació Universitat de València.

CRUE (2021). *El compromiso de las universidades españolas con la agenda 2030.* https://www.crue.org/wp-content/uploads/2021/11/CRUE-Universidades-Espanolas.-Posicionamiento-Agenda-2030.pdf

Delors, J. (1996). *La educación encierra un tesoro*. UNESCO/Santillana.

Miñano, R. y García Haro, M. (Edits.) (2020). *Implementando la Agenda 2030 en la Universidad. Casos inspiradores*. Red Española para el Desarrollo Sostenible (REDS). https://reds-sdsn.es/wp-content/uploads/2020/05/Dosier-REDS_Casos-ODS-Univ-2020_web.pdf

OIE (2021). *Metas educativas 2021. La educación que queremos para la generación de los bicentenarios*. https://oei.int/publicaciones/metas-educativas-2021-la-educacion-que-queremos-para-la-generacion-de-los-bicentenarios-documento-final

ONU (2015). *Agenda 2030 sobre el Desarrollo Sostenible* (2015). https://www.un.org/sustainabledevelopment/es/development-agenda/

Postman, N. & Weingartner, Ch. (1973). *La enseñanza como actividad crítica*. Fontanella.

REDS/SDSN Spain (2017). *Cómo empezar con los ODS en las Universidades. Una guía para las Universidades, los centros de Educación Superior y el sector académico*. https://reds-sdsn.es/wp/wp-content/uploads/2017/02/Guia-ODS-Universidades-1800301-WEB.pdf

SDSN Australia/Pacific (2017). *Getting Started with the SDGs in universities: a guide for universities, higher education institutions, and the academic sector*. Australia, New Zealand and Pacific Edition. Melbourne: Sustainable Development Solutions Network-Australia/Pacific.

UNESCO (2015). *Foro Mundial sobre la Educación*. https://unesdoc.unesco.org/ark:/48223/pf0000233245_spa

UNESCO (2000). *Marco de Acción de Dakar: Educación para todos*. https://unesdoc.unesco.org/ark:/48223/pf0000121147_spa

UNESCO (1994). *Declaración de Salamanca: "Universidad, Sociedad y Futuro"* https://www.crue.org/wp-content/uploads/2020/02/declaracion-de-salamanca-2018pdf.pdf

UNESCO (1990). *Declaración Mundial sobre Educación para todos*. https://unesdoc.unesco.org/ark:/48223/pf0000127583_spa

2

ODS en el Prácticum. Estudio de la producción científica vinculada a la educación inclusiva (1987-2023)

Manuela Raposo-Rivas
María-Ainoa Zabalza-Cerdeiriña
Olalla García-Fuentes

1. Introducción

Uno de los Objetivos para el Desarrollo Sostenible (ODS) incluidos en la Agenda 2030 pretende: "Garantizar una educación inclusiva, equitativa y de calidad y promover oportunidades de aprendizaje durante toda la vida para todos" (objetivo 4, referido a la promoción de una educación de calidad). Este capítulo se relaciona con este ODS, particularmente, en un momento formativo relevante de los futuros profesionales como es su formación en la práctica preprofesional.

Sin lugar a dudas, tanto la calidad como la *promoción de la educación inclusiva* y equitativa son temáticas prioritarias en la legislación y las políticas educativas nacionales e internacionales, vinculadas muchas veces con acciones de mejora y modernización, claves para avanzar hacia una sociedad más inclusiva. "No dejar a nadie atrás" (ONU, 2015) es la promesa nuclear y transformadora de la Agenda 2030 y sus objetivos. En el contexto europeo, *aumentar la calidad, la equidad, la inclusión y el éxito de todos*, en el ámbito de la educación y la formación, es una de las cinco prioridades que presenta el Consejo de la

Unión Europea (2021) en su marco estratégico de cooperación para el ámbito de la educación y la formación.

En la implementación, consumación y diseminación de la Agenda 2030, las instituciones educativas junto a las personas, se perfilan como agentes activos, responsables y comprometidos que pueden convertirse en movilizadores de la innovación y el cambio. Para lograr estos objetivos, se precisan "conocimientos, habilidades, valores y actitudes que los empoderen para contribuir con el desarrollo sostenible" (ONU, 2015).

La educación, para ser un motor de la implementación exigente y rigurosa de esta agenda, según Monge (2019), debe trabajar "desde la globalidad y hacerlo de forma innovadora mediante el desarrollo de alianzas (...); la educación necesita romper los muros de las aulas para salir a la calle, y dar cabida en su espacio a otros agentes educativos con los que tejer alianzas" (p. 7). Es así como la formación, en cualquiera de sus vertientes formal, informal y no formal, junto con los profesionales implicados en ella, adquieren extrema importancia.

Particularmente, las Universidades como instituciones de Educación Superior, "debido a su labor de generación y difusión del conocimiento y su preeminente situación dentro de la sociedad" (Red de Soluciones para un Desarrollo Sostenible, SDSN por sus siglas en inglés, 2017: 2), están llamadas a desempeñar un papel fundamental en la consecución de los ODS, que pueden desarrollarse tanto desde la enseñanza, el aprendizaje y la investigación como desde la política de gestión y gobernanza institucional, la extensión universitaria, el liderazgo social y el compromiso público de la organización.

Como punto de partida, la SDSN publica en 2017 la Guía *Cómo empezar con los ODS en las Universidades*, en la que se establece como primer paso para comenzar o profundizar el compromiso con dichos objetivos el conocer e identificar lo que se está haciendo. Este trabajo da un paso en esa dirección.

Por lo que respecta al profesorado como agente partícipe en el desarrollo de la Agenda 2030, promotor de la igualdad y la equidad, se erige como una piedra angular en este proceso, aunque precisa de iniciativas políticas y de formación para el desarrollo profesional que lo apoyen. La revisión de la literatura realizada por la European Agency for Special Needs and Inclusive Education (2019), en el marco del proyecto *Teacher Professional Learning for Inclusion*

(TPL4I), muestra que es necesario garantizar el apoyo político si queremos que la pedagogía y el desarrollo escolar inclusivos aseguren una educación de calidad para todas las personas.

"Desarrollar sistemas educativos inclusivos significa investigar, debatir, apoyar y monitorear muchos aspectos de la inclusión. Sin embargo, sin preparar consistentemente a todos los docentes para la práctica inclusiva, todas las demás acciones y debates pueden estar condenados al fracaso" (European Agency for Special Needs and Inclusive Education, 2019: 60).

Por tanto, desarrollar perfiles profesionales vinculados a la construcción de un futuro más equitativo y justo para todas las personas es un factor clave. Una posible fórmula para ello es la creación de redes de indagación "comprometidas con la mejora" y orientadas "a promover y facilitar cambios que han permitido avanzar hacia modos educativos más inclusivos" (Parrilla, 2021: 43). Otra oportunidad es la que nos brinda la práctica pre-profesional, como espacio formativo en el que se desarrollan competencias y habilidades, se aplican teorías y procedimientos, se modelan actitudes y creencias... Este ámbito de la práctica pre-profesional es objeto de estudio desde hace más de 35 años en los simposios internacionales sobre el Prácticum y las Prácticas externas[1] que se desarrollan bianualmente en el Monasterio de Poio (Pontevedra). Este capítulo analiza cómo la temática relacionada con el ODS 4 sobre educación inclusiva y equitativa, ha sido abordada en ellos, realizando un estudio bibliográfico de sus actas.

2. Metodología

Con el *objetivo* de recopilar y analizar las evidencias que respondan a cómo el objetivo 4 de los ODS, "garantizar una educación inclusiva y equitativa", ha sido abordado en los Symposiums Internacionales sobre el Prácticum, se realiza una *investigación bibliográfica* de la producción científica generada en las 17 ediciones del Symposium[2], lo que significa un total de 1602 aportaciones.

---

[1] https://poio.reppe.org/

[2] disponibles en https://www.reppe.org/symposium-internacionales/eventos-anteriores

Las *preguntas de investigación* planteadas son:

- ¿En qué medida la temática relacionada con el ODS 4 ha sido objeto de estudio en el Symposium?
- ¿Qué enfoque de la inclusión poseen los trabajos relacionados con el ODS 4 en el Symposium?
- ¿Qué estrategias de intervención se identifican en los trabajos relacionados con el ODS 4 en el Symposium y cuál es su impacto en la comunidad educativa?

El procedimiento seguido comienza por buscar en cada una de las actas. Se buscan documentos que posean las palabras clave: *educación inclusiva, atención a la diversidad, equidad y educación especial*; así como, sus variantes léxicas (por ejemplo, de educación inclusiva: inclusión e inclusivo). Particularmente, se presta atención al título, el resumen, las palabras clave y los objetivos, convirtiéndose así en criterios de inclusión. A continuación, se indaga si aparecen en diversas ocasiones a lo largo del texto. Si se identifican, el texto se selecciona para un análisis en profundidad, en caso contrario es motivo de exclusión. Con la aplicación de estos criterios, de las 1602 aportaciones, 28 cumplían los criterios de inclusión. A 5 de ellas se le aplicaron los de exclusión, principalmente porque el tratamiento de la inclusión educativa no era el tema central del texto.

Finalmente, la información recabada se traslada a una base de datos, a partir de la cual se realiza un análisis de contenido de cada uno de los documentos seleccionados, tomando como referentes las categorías de estudio utilizadas por Raposo-Rivas y Martínez-Figueira (2019) y extrayendo sus principales aportaciones al ODS 4 (Tabla 2.1).

3. Resultados

3.1. ¿En qué medida la temática relacionada con el ODS 4 ha sido objeto de estudio en el Symposium?

El número de aportaciones seleccionadas relacionadas con el ODS estudiado ha sido de 23 (ver Anexo en p. 52), lo que significa un escaso 1,75% del total de trabajos publicados en las actas. Se distribuyeron en las diferentes ediciones tal como se muestra en el Gráfico 2.1.

TABLA 2.1. CATEGORÍAS DE ANÁLISIS

DIMENSIÓN	CATEGORÍA	SUBCATEGORÍA
Bibliométrica	Tipo de aportación	Comunicación, conferencia, mesa redonda, grupo de discusión, taller
	Año de publicación	2023-2020, 2019-2014, 2013-2008, 2007-2002, 2001-1996, 1995-1987
	País de referencia	España, México, Ecuador
	Filiación institucional	Universidad, centro educativo, empresa, ONG
Contenido	Modalidad de trabajo	Experiencia, innovación, investigación, revisión teórica, propuesta teórica, propuesta formativa, de investigación
	Titulación	Educación Infantil, Educación Primaria, Educación Social, Lenguas Extranjeras, Pedagogía, Psicología, Psicopedagogía, máster de Secundaria
	Agentes implicados	Tutor y tutora de universidad, tutores y tutoras de centro, estudiantes, grupos mixtos, no consta
	Principales aportaciones	Enfoque inclusivo presente en las propuestas
		Estrategias de intervención utilizadas en las propuestas
		Impacto en la comunidad de las propuestas realizadas

Gráfico 2.1. *Total de aportaciones y aportaciones seleccionadas.*

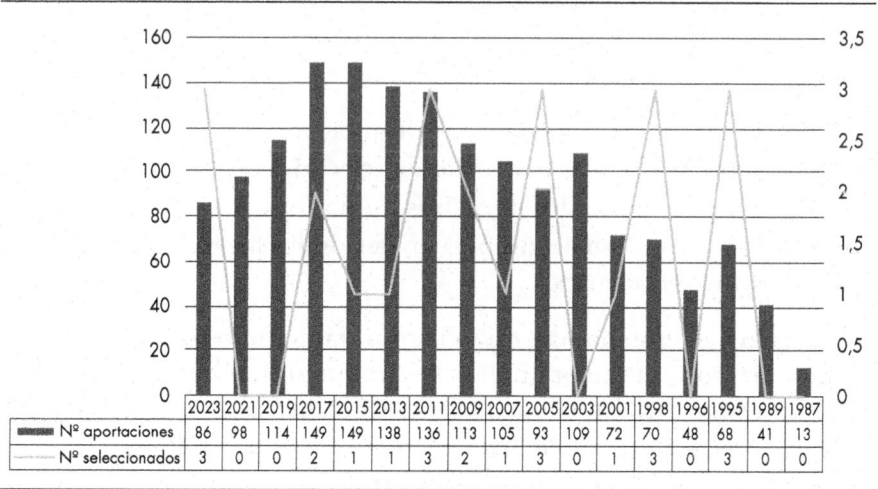

	2023	2021	2019	2017	2015	2013	2011	2009	2007	2005	2003	2001	1998	1996	1995	1989	1987
Nº aportaciones	86	98	114	149	149	138	136	113	105	93	109	72	70	48	68	41	13
Nº seleccionados	3	0	0	2	1	1	3	2	1	3	0	1	3	0	3	0	0

Se observa cierta permanencia de la temática desde las primeras convocatorias hasta el año 2017, a partir de ahí se ha iniciado un ligero descenso, sin saber ciertamente si las posibles causas serían la temática específica abordada en el Symposium, la gestión realizada, el interés de los participantes o las circunstancias pandémicas. En la última convocatoria analizada se ha identificado nuevamente.

Los trabajos seleccionados se distribuyen a lo largo de los años del siguiente modo: 3 en el 2023, 2011, 2005, 1998 y 1995; 2 en el 2017 y 2009 y 1 en el 2015, 2013, 2007 y 2001. Todos ellos han sido en formato comunicación oral. Debe tenerse en cuenta que el año 2023 el tópico del Symposium giraba en torno a los ODS y que las ponencias no fueron publicadas en las actas del encuentro.

La mayoría de las propuestas, 20 de las 23 aportaciones, pertenecen a universidades españolas, las otras 3 provienen de instituciones latinoamericanas (2 de México y 1 de Ecuador).

3.2. ¿Qué enfoque de la inclusión poseen los trabajos relacionados con el ODS 4 en el Symposium?

Teniendo en cuenta las categorías propuestas, y con la finalidad de facilitar la identificación de patrones y tendencias; así como, una mejor comprensión de las relaciones entre los diversos aspectos de la inclusión abordados en las propuestas que se presentaron al Symposium, el análisis de contenido se ha realizado en primer lugar, atendiendo al enfoque de la inclusión.

En relación con los resultados obtenidos, permiten agrupar los enfoques de la inclusión abordados (Tabla 2.2) en cuatro ejes temáticos:

1) El respeto a la diversidad del alumnado.
2) La adaptación a las necesidades educativas.
3) La justicia social y los derechos humanos
4) La reflexión desde el ámbito profesional y formación específica de futuros docentes.

Los cuatro ejes temáticos están profundamente relacionados entre sí; si bien, para un mejor análisis se comentarán individualmente.

En el primero de ellos, el *respeto a la diversidad del alumnado*, las temáticas abordadas han sido la diversidad sexo-genérica y la necesidad de combatir la homofobia/ transfobia en las aulas (Valle et al., 2023),

TABLA 2.2. EJES TEMÁTICOS SOBRE EL ENFOQUE DE LA INCLUSIÓN

EJE TEMÁTICO	CONTRIBUCIONES
1. El respeto a la diversidad del alumnado	Doval y Estévez (2001); Leal et al. (2009); Gallardo et al. (2011); Zabalza et al. (2011); Chávez et al. (2017); Pesántez (2023);Valle et al. (2023)
2. La adaptación a las Necesidades Educativas Especiales (NEE)	Pascual et al. (1998); Doval (2007); Campo y Fernández (2005); Doval et al. (2011); Rial (2015); Santesmases et al. (2013).
3. Justicia Social y Derechos Humanos	Moreira et al. (2007);Vázquez et al. (2017); Pérez et al. (2023)
4. Reflexión desde el ámbito profesional y formación específica en inclusión para futuros docentes	Gómez (1995); Moya y Rubia (1995); Cifuentes y Martínez (1995); Díaz (1998); Bilbao et al. (1998); Jové (2005); Añel (2009)

unido a la atención a la diversidad en relación al alumnado en el contexto hospitalario (Doval y Estévez, 2001; Zabalza et al., 2011).

Muy relacionado con este primer eje encontramos el segundo, la *adaptación a las NEE*, en el que se aboga por la igualdad de oportunidades del alumnado de todos los niveles educativos, teniendo en cuenta tanto la adaptación curricular y de materiales (Campo y Fernández, 2005), por ejemplo, con el uso de las TIC (Rial, 2015) o el diseño y adaptación de materiales curriculares específicos de acceso al currículum (Pascual et al., 1998). También se considera el análisis y diseño de recursos más generales, por ejemplo, los servicios de atención a la diversidad de las universidades españolas, en este caso en relación a la materia de practicum del alumnado universitario (Doval, 2007).

El tercero de los ejes vincula la *inclusión* con la justicia social y los derechos humanos (Pérez et al., 2023), a través de una problematización de las prácticas educativas con perspectiva crítica, profundizando en la necesidad de impulsar una educación para todas las personas atendiendo sobre todo a grupos vulnerables. En particular, las aportaciones versan sobre trabajo y experiencias en el Prácticum con la comunidad gitana (Moreira et al., 2007) o personas en procesos de reinserción social (Vázquez et al., 2017).

Relacionado con el compromiso de justicia social y derechos se encuentra el último eje, centrado en la *reflexión desde el ámbito profesional* y en la necesidad de formación específica en inclusión desde los títulos de formación del profesorado, abordando las contradicciones entre la teoría y la práctica (Díaz, 1998, Gómez, 1998), así como explicitando y visibilizando la inclusión en los planes de estudio (Bilbao, et al., 1998).

Estas propuestas se centran en la urgencia de la promoción de la cultura de inclusión tanto desde el ámbito educativo (centros escolares y universidad) como social; así como, en la necesidad de un debate y reflexión compartida que permita combatir los prejuicios profesionales y sociales existentes en relación a la diversidad.

3.3. ¿Qué estrategias de intervención se identifican en los trabajos relacionados con el ODS 4 en el Symposium y cuál es su impacto en la comunidad educativa?

Atendiendo a las *estrategias de intervención* (Tabla 2.3) se identifican tres perspectivas: las revisiones teóricas y documentales; el desarrollo de experiencias; y el diseño y desarrollo de materiales o programas específicos relacionados con la atención a la diversidad.

TABLA 2.3. PERSPECTIVAS SOBRE ESTRATEGIAS DE INTERVENCIÓN	
PERSPECTIVAS	**CONTRIBUCIONES**
Revisiones Teóricas – Guías Docentes – Elaboración de programas universitarios – Análisis documental	Cifuentes y Martínez (1995); Gómez (1995); Moya y Rubia (1995); Díaz (1998); Pascual et al. (1998); Bilbao et al. (1998); Doval y Estévez (2001); Doval (2007); Doval et al. (2011); Jové, (2005); Añel (2009); Valle et al. (2023)
Experiencias – Prácticas experimentales colaborativas y entre iguales para diseñar y estructurar propuestas creativas e innovadoras – Uso de actividades lúdicas y estrategias de alta intensidad y movilidad, que favorecen la participación. – Colaboración con las familias	Leal et al. (2009); Doval et al. (2011); Gallardo (2011); Zabalza et al. (2011); Chávez et al. (2017); Vázquez et al. (2017); Pérez et al. (2023); Pesántez (2023)
Diseño y desarrollo de materiales o programas – Diseño de recursos digitales específicos para NEAE. – Desarrollo de materiales curriculares específicos para NEAE. – Desarrollo de modelos multidimensionales que incluyen el trabajo con alumnado con discapacidad	Pascual et al. (1998); Campo y Fernández (2005); Santesmases et al. (2013); Moreira y Muguerza (2007); Rial (2015).

Los textos dedicados a las *revisiones más teóricas* se centran en análisis documentales, ya sea de guías docentes (Valle et al., 2023; Doval et al., 2011), de programas universitarios en colaboración con asociaciones o instituciones específicas (Pascual et al., 1998; Moreira y Muguerza, 2007), revisión de los servicios y ayudas implementadas por las universidades en relación a alumnado con discapacidad que realiza el Prácticum (Doval, 2007) o reflexiones y discusión sobre el papel de los tutores en la formación de futuros maestros (Jové, 2005; Díaz, 1998; Bilbao et al., 1996).

Otro grupo de aportaciones gira en torno al *desarrollo de experiencias*, destacando el uso de actividades lúdicas que favorecen la participación, tanto de alumnado con NEAE como de sus familias (Chávez et al. 2017; Gallardo, 2011, Zabalza et al., 2013), las prácticas experimentales colaborativas y entre iguales para diseñar y estructurar propuestas creativas e innovadoras (Pesántez, 2023); así como, actividades que entienden el practicum como espacio para conectar lo individual con lo colectivo (Pérez et al., 2023; Vázquez et al., 2017; Leal et al., 2009).

El tercer grupo de perspectivas abordadas se centra en el diseño y desarrollo de recursos y materiales, como recursos digitales específicos (Rial, 2015) o el desarrollo de modelos multidimensionales que incluyeran el trabajo con alumnado con discapacidad (Santesmases et al., 2013) o con las familias (Zabalza et al., 2011).

Por último, en relación con el *impacto a la comunidad educativa*, el contexto de referencia de dichos trabajos es variado. Teniendo en cuenta la titulación universitaria mayoritariamente corresponde a los títulos de Educación, particularmente, en la mención de Educación Especial (4), los Grados en Educación Infantil y Primaria (2) y estudios de Máster (2). Del análisis de contenido se desprende que los principales colectivos involucrados han sido el alumnado de Educación Infantil y Primaria (Pesántez, 2023; Valle et al., 2023; Chávez et al., 2017); estudiantes de grado y posgrado de estudios relacionados con educación (Pérez et al., 2023; Leal, 2009); personas privadas de libertad (Vázquez et al., 2017); alumnado con discapacidad o necesidades educativas especiales (Doval et al., 2011; Rial, 2015; Santesmases et al., 2013; Gallardo, 2011); niños y niñas hospitalizados y sus familias (Zabalza et al., 2011).

4. Discusión y conclusiones

La educación inclusiva y de calidad, junto con la formación del profesorado implicado en su desarrollo, son temáticas prioritarias para organismos internacionales como las Naciones Unidas, la Comisión Europea y la Agencia Europea para la Necesidades Especiales y Educación Inclusiva.

De los resultados del análisis de contenido se desprende que las propuestas analizadas se alinean con el ODS 4, pues todas buscan sensibilizar o atender a las demandas de alumnado con necesidades educativas; así como, promover sistemas educativos más inclusivos (Chávez et al., 2017; Santesmases et al., 2013). Del mismo modo, las estrategias de formación propuestas ponen en valor la apuesta por la formación del profesorado (Pérez et al., 2023) y la adaptación de los curricula o guías docentes (Valle et al., 2023), coincidiendo así con Parrilla (2021) en que es clave desarrollar perfiles profesionales vinculados a la construcción de un futuro más equitativo y justo para todas las personas.

Las propuestas analizadas ponen de manifiesto que los profesionales educativos llevan desarrollando en los últimos años propuestas que favorecen el desarrollo de una educación más inclusiva, que mejora el aprendizaje y que busca la reducción de la desigualdad en materia educativa para garantizar la igualdad de oportunidades. Pero, teniendo en cuenta el escaso número de aportaciones relacionadas con el ODS 4 existente (1,75%) en las 17 convocatorias del Symposium podemos concluir que: o bien, no es una temática recurrente y no se le presta atención en las prácticas preprofesionales —y eso a pesar de la importancia reconocida social y legalmente—, o bien, desde el Symposium no se han habilitado los mecanismos oportunos para contar con más aportaciones sobre esta temática, teniendo en cuenta que sí existen trabajos publicados sobre ello, como se demuestra en Pegalajar et al. (2022).

Los trabajos analizados confluyen en tres grandes ámbitos muy relacionados. El primero pone de manifiesto la necesidad de una reflexión profunda desde la universidad y los profesionales en activo para visibilizar y fomentar la inclusión en la formación del profesorado, entendiendo la diversidad como una oportunidad y riqueza en las aulas. Si bien es cierto que se trata de una cuestión cuya última referencia es de hace 15 años (Añel, 2009). El segundo, se centra en el respeto a la diversidad del alumnado, que necesariamente debe acompañarse de la adaptación a las NEE en todos los ámbitos y para todas las personas. El tercero, atiende la vinculación entre la educación inclusiva de calidad como derecho fundamental, y la justicia social (Simón et al., 2019). Coincidiendo así con Booth y Ainscow (2015) en la necesidad de continuar trabajando para lograr una educación verdaderamente inclusiva y equitativa, una educación para todos y con todos.

Para terminar, los resultados específicos de esta búsqueda y los eventos, evidentemente, no son representativos de lo que se ha estado trabajando en estos años sobre el ODS 4, pero sí proporcionan una idea de las preocupaciones más relevantes de los profesionales relacionados con las prácticas del alumnado universitario. Aunque no son resultados generalizables, sí permiten mapear el estado de la cuestión para, en línea con la SDNS (2017), acometer un primer paso de identificación de lo que se realiza con el fin de poder comenzar o profundizar en el compromiso con los ODS en las Universidades.

Referencias bibliográficas

Añel, M.E. (2009). El programa del Prácticum de educación especial desde la perspectiva del maestro tutor del centro educativo. En M. Raposo-Rivas, M.E. Martínez-Figueira, L. Lodeiro-Enjo, J.L. Fernández-de-la-Iglesia y A. Pérez-Abellá (Coords.), *El Prácticum más allá del empleo*. X Symposium Internacional sobre el Prácticum y las Prácticas Externas (pp. 1213-1224). Monasterio de Poio (Pontevedra), España. https://acortar.link/2Yu97J

Arnaiz-Sánchez, P., Escarbajal, A., Alacaraz, S. y De Haro, R. (2021). Formación del profesorado para la construcción de aulas abiertas a la inclusión. *Revista de Educación, 393*, 37-68. https://doi.org/10.4438/1988-592X-RE-2021-393-485

Bilbao, M.C., Antón, M.A. y Cifuentes, M.A. (1996). La formación de tutores de educación especial: una experiencia práctica. En M.A. Zabalza Beraza, (Coord.), (1996). *Los tutores en el Prácticum. Funciones, formación, compromiso institucional*. IV Symposium Internacional sobre el Prácticum y las Prácticas Externas. Monasterio de Poio (Pontevedra). España. pp. 119-130. https://acortar.link/SCnjRe

Booth, T. y Ainscow, M. (2015). *Guía para la educación inclusiva. Desarrollando el aprendizaje y la participación en los centros escolares.* Madrid: OEI/FUHEM.

Campo-Estaún, M. y Fernández-Viader, M.P. (2005). Compartiendo la experiencia del prácticum del título de Maestro en Educación Especial: una exposición de materiales curriculares. En M.L. Iglesias-Forneiro, M.A. Zabalza Beraza, A. Cid-Sabucedo y M. Raposo-Rivas (coord.), (2007). *El Prácticum en el nuevo contexto del Espacio Europeo de Educación Superior.* VIII Symposium Internacional sobre el Prácticum y las prácticas en empresas en la formación universitaria. https://acortar.link/8pD8PL

Chávez, C., Hernández, S., León, A. y Hernández, L. (2017). Educación inclusiva, un derecho para todos. En M. Gonzalez-Sanmamed, M. Raposo-Rivas, MA. Erkizia-Olaizola, M. Cebrián-de-la-Serna, M.A. Barberá-Gregori, O. Canet-Vélez y M.A. Zabalza Beraza, (Coords.), *Recursos para un Prácticum de calidad.* XIV Symposium Internacional sobre el Prácticum y las Prácticas Externas (pp. 567-575). Monasterio de Poio, (Pontevedra), España. https://acortar.link/w6eFoR

Cifuentes-García, M.A. y Martínez-Martín, M.A. (1995). El Prácticum de Educación Especial y su aportación a la formación del futuro profesor. En M.A. Zabalza Beraza, M.L. Montero-Mesa y B. Cebreiro-López, (Coord.). *El Prácticum en la formación de profesionales problemas y desafíos.* III Symposium Internacional sobre el Prácticum y las Prácticas Externas. Monasterio de Poio (Pontevedra). España. p. 39-43. https://acortar.link/733Ovw

Consejo de la Unión Europea (2021). Resolución del Consejo relativa a un marco estratégico para la cooperación europea en el ámbito de la educación y la formación con miras al Espacio Europeo de Educación y más allá (2021-2030). *Diario Oficial de la Unión Europea C66* de 26.2.2021, https://www.boe.es/doue/2021/066/Z00001-00021.pdf

Darling-Hammond, L., Hyler, M.E. & Gardner, M. (2017). *Effective Teacher Professional Development.* Learning Policy Institute.

Doval, M.I., Miguélez, M. y Zabalza, M.A. (2011). *Las prácticas en empresas del alumnado universitario con necesidades de apoyo erasmus prácticas.* En Raposo, et al., ob. cit. (pp. 649-656). https://acortar.link/WcQm82

Doval, M.I. (2007). *La inclusión del universitario discapacitado en el Prácticum. Servicios y soluciones desde las Universidades españolas.* En Iglesias et. al., ob. cit. https://acortar.link/8pD8PL

European Agency for Special Needs and Inclusive Education (2019). *Teacher Professional Learning for Inclusion: Literature Review.* (A. De Vroey, S. Symeonidou & A. Watkins, eds.). Odense, Denmark. https://www.european-agency.org/sites/default/files/tpl4i_literature_review.pdf

Gallardo, M., Guerra, I. y Sibón, S. (2011). Buenas prácticas educativas en el Magreb: bases comunicativas para el aprendizaje inclusivo. En M. Raposo-Rivas, M.A. Zabalza-Cerdeiriña, O. Canet-Vélez, M. Cebrián-de-la-Serna,

M.A Barberá-Gregori, A. Erkizia-Olaizola y M.A. Zabalza Beraza (Coords.), *Prácticas externas virtuales versus presenciales: transformando los retos en oportunidades para la innovación.* XVI Symposium Internacional sobre el Prácticum y las Prácticas Externas (pp. 769-780). Monasterio de Poio, (Pontevedra), España. https://acortar.link/da4FAm

Gómez, M.J. (1995). *Concepciones y creencias de los profesores colaboradores sobre su papel y funciones en las prácticas de enseñanza de los alumnos de 2º curso de la especialidad de Educación Especial: quince estudios de casos.* En Zabalza et al., ob. cit., pp. 430-435. https://acortar.link/733Ovw

González, M., Raposo, M., Erkizia, A., Cebrián, M., Barberá, M.A., Canet, O., y Zabalza, M.A. (2017) (Coord.). *Recursos para un Prácticum de calidad.* XIV Symposium Internacional sobre el Prácticum y las Prácticas Externas. Monasterio de Poio, (Pontevedra). España. https://acortar.link/w6eFoR

Hernández-Castilla, R. y Opazo, H. (2020). Los Objetivos del Desarrollo Sostenible: Aportes de la investigación educativa comprometida. *Profesorado: Revista de Currículum y Formación de Profesorado, 24*(3), 1-8. https://revista seug.ugr.es/index.php/profesorado/article/view/16996

Iglesias, M.L., Zabalza, M.A., Cid, A., y Raposo, M. (Coord.). (2007). *El Prácticum en el nuevo contexto del Espacio Europeo de Educación Superior.* VIII Symposium Internacional sobre el Prácticum y las prácticas en empresas en la formación universitaria. https://acortar.link/8pD8PL

Jové, G. (2005). *Guía para la elaboración y el análisis de los documentos escritos del Prácticum de la titulación de Maestro.* En M.L. Iglesias et. al., ob. cit. https://acortar.link/8pD8PL

Leal, A., Rosa, L. y Castilla, M.T. (2009). *Cadenas de goma: la escolarización de personas con graves alteraciones en la funcionalidad motora en un centro de educación de adultos.* En Raposo, et al. ob. cit. (pp. 793-801). https://acortar.link/2Yu9ZJ

Moya, J. y Rubia, B. (1995). *Necesidades de un plan de práctica para la formación inicial del profesorado de Educación Especial.* En Zabalza Beraza et al., ob.cit., pp. 295-302. https://acortar.link/733Ovw

Morcira, M. y Muguerza, M.E. (2007). La investigación en el practicum de Trabajo Social. Una experiencia con la comunidad gitana. En Cid-Sabucedo, A., Muradás-López, M., Zabalza Beraza, M.A., González-Sanmamed, M., Raposo-Rivas, M. y Iglesias-Forneiro, M.L. (Coord.) (2007). *Buenas prácticas en el Practicum.* IX Symposium Internacional sobre el Prácticum y las Prácticas Externas. Monasterio de Poio, (Pontevedra). España. https://acortar.link/swMMOv

Monge, C. (2019). Hacer de las aulas campos de cultivo de los ODS. *Fórum Aragón, 28,* 6-8. http://feae.eu/wp-content/uploads/2019/12/ForumArag%C3%B3n28-Los-ODS-agenda-2030.pdf

Muñoz, P.C., Raposo, M., González, M., Martínez, M.E., Zabalza, M.A. y Pérez, A. (Coord.) (2013). *Un Prácticum para la formación integral de los estudiantes.* XII Symposium Internacional sobre el Prácticum y las Prácticas Externas. Monasterio de Poio (Pontevedra). España. https://acortar.link/MG8MrL

Pascual, M.T., Gallardo, E. y goicoechea, M.A. (1998). El Practicum y las necesidades educativas especiales. En M.A. Zabalza y M.L Iglesias (Coords.). *Los tutores en el practicum. Funciones, formación, compromiso institucional.* IV Symposium Internacional sobre el Practicum y las Prácticas Externas. Monasterio de Poio (Pontevedra), España, pp. 119-130. https://acortar.link/91dycl

Pegalajar, M.C., Burgos, A. y Martínez, E. (2022). Educación para el Desarrollo Sostenible y Responsabilidad Social: claves en la formación inicial del docente desde una revisión sistemática. *Revista de Investigación Educativa, 40*(2), 421-437. http://dx.doi.org/10.6018/rie.458301

Pérez, D. Ramo, Ch., Lasheras, P. (2023). *El uso de cartografías como herramienta de reflexión crítica en el Prácticum de la formación inicial docente: Educación Inclusiva.* En M. Raposo-Rivas, et al., ob. cit. (pp. 82-84).https://acortar.link/xzUqu9

Pesántez, M.D. (2023). *La importancia de las prácticas experimentales en la formación docente: Experiencia de los tutores académicos en la carrera de Educación Especial.* En M. Raposo-Rivas, et al., ob. cit. (pp. 30-31). https://acortar.link/xzUqu9

ONU (2015). *Objetivos de desarrollo sostenible.* https://www.un.org/sustainable development/es/

Parrilla, A. (2021). Pensar el desarrollo profesional docente desde la investigación: Rutas participativas e inclusivas. *Revista Latinoamericana de Educación Inclusiva, 15*(2), 39-52. https://doi.org/10.4067/S0718-73782021000200039

Raposo-Rivas, M. y Martínez-Figueira, E. (2019). ¿Tecnologías emergentes o tecnologías emergiendo?: Un estudio contextualizado en la práctica preprofesional. *Educar, 55*(2), 499-518. https://raco.cat/index.php/Educar/article/view/359307

Raposo, M., Zabalza-Cerdeiriña, M.A., Canet, O., Cebrián, M., Barberá, M.A., Erkizia, A. y Zabalza, M.A. (Coord.) (2023). *La formación práctica de profesionales en el horizonte de los ODS.* XVII Symposium Internacional sobre el Prácticum y las Prácticas Externas. Ob. cit. https://acortar.link/xzUqu9

Raposo, M., Martínez, E., Lodeiro, L., Fernández, J.L., y Pérez, A. (Coord.) (2009). *El Prácticum más allá del empleo.* X Symposium Internacional sobre el Prácticum y las Prácticas Externas, ob. cit. https://acortar.link/2Yu9ZJ

Raposo, M., Martínez, E., Muñoz, P.C., Pérez, A y Otero, J.C. (Coord.) (2011). *Evaluación y supervisión del Prácticum: El compromiso con la calidad de las prácticas.* XI Symposium Internacional sobre el Prácticum y las Prácticas Externas. Monasterio de Poio, (Pontevedra). España. https://acortar.link/WcQm82

Raposo, M., Muñoz, P., Zabalza, M.A., Martínez y Pérez, A. (Coord.) (2015). *Documentar y evaluar la experiencia de los estudiantes de prácticas.* XIII Symposium

Internacional sobre el Prácticum y las Prácticas Externas, Monasterio de Poio, (Pontevedra). https://acortar.link/rybFZJ

Rial, D. (2015). *El practicum como espacio de intervención con ipad en un caso de sindrome de Down.* En M. Raposo, et al., ob.cit. (pp. 1721-734). Monasterio de Poio, (Pontevedra). https://acortar.link/rybFZJ

Santesmases, I., Rodríguez, I., Diez, L., Ruza, C. y Villalba, E. (2013). *Prácticas profesionales virtuales dirigidas a estudiantes con discapacidad.* En P. C. Muñoz et al., ob. cit., pp. 1547-1557. https://acortar.link/MG8MrL

SDSN Australia/Pacific (2017). *Getting started with the SDGs in universities: A guide for universities, higher education institutions, and the academic sector.* Australia, New Zealand and Pacific Edition. Sustainable Development Solutions Network – Australia/Pacific, Melbourne. https://reds-sdsn.es/wp-content/uploads/2017/02/Guia-ODS-Universidades-1800301-WEB.pdf

Simón, C., Barrios, A., Gutiérrez, H., y Muñoz, Y. (2019). Equidad, Educación Inclusiva y Educación para la Justicia Social. ¿Llevan Todos los Caminos a la Misma Meta? *Revista Internacional De Educación Para La Justicia Social, 8*(2), 17–32. https://doi.org/10.15366/riejs2019.8.2.001

Valle, R.E., Colmenero, M.J., Sánchez, M. y Soler, R. (2023). *Las prácticas curriculares en la adquisición de competencias relacionadas con la atención a la diversidad sexo-genérica: un estudio comparado de las guías docentes universitarias en los títulos de educación.* En M. Raposo-Rivas et al., ob. cit. (pp. 24-25). https://acortar.link/xzUqu9

Vázquez, J., Hirales, M. y Zúñiga, H. (2017). *Experiencias formativas a través del prácticum en el centro de reinserción social de Mexicali, Baja California. México.* En M. González et al. ob. cit., pp.1324-1331. https://acortar.link/w6eFoR

Zabalza M.A., Muñoz, M.A., y Doval, M.I. (2011). *El Prácticum en el hospital: estrategias para el autoanálisis.* En M. Raposo et al., ob. cit. (pp. 1577-1592). https://acortar.link/WcQm82

ANEXO		
AUTORES	**ENFOQUE DE LA INCLUSIÓN**	**ESTRATEGIAS DE INTERVENCIÓN UTILIZADAS**
Pesántez (2023)	Educación inclusiva centrada en el respeto a la diversidad del alumnado y adaptación a las necesidades educativas	Las prácticas experimentales colaborativas y entre iguales para diseñar y estructurar propuestas creativas e innovadoras
Pérez et al. (2023)	Educación inclusiva basada en la justicia social y los derechos humanos desde la problematización de las prácticas educativas con perspectiva crítica	El Prácticum entre la teoría y la práctica escolar como espacio de conexión y reflexión individual y colectiva sobre la educación inclusiva
Valle et al. (2023)	Educación inclusiva desde la diversidad sexo-genérica y la necesidad de visibilización como herramienta para combatir la homofobia y la transfobia en las aulas	Análisis de las guías docentes para identificar la presencia de contenidos relacionados con la diversidad sexo-genérica.
Vázquez et al. (2017)	Educación inclusiva para brindar oportunidades de aprendizaje y reinserción social a personas privadas de libertad.	Prácticas profesionales en centros penitenciarios en colaboración para incorporación de unidades de aprendizaje optativas sobre educación en contextos penitenciarios.
Chávez et al. (2017)	Educación inclusiva centrada en el respeto a la diversidad del alumnado y adaptación a las necesidades educativas	Actividades lúdicas y estrategias de alta intensidad y movilidad, que favorecen la participación de todos los niños
Rial (2015)	Educación inclusiva para la atención a la diversidad en el aula, utilizando las nuevas tecnologías para adaptar el aprendizaje a las necesidades de cada alumno con dificultades de aprendizaje	Diseño de recursos digitales para trabajar la lectura, la escritura y la fonética de forma individualizada
Santesmases et al. (2013)	Educación inclusiva a través de la igualdad de oportunidades con la inserción laboral de los estudiantes con discapacidad	Sistema de prácticas extracurriculares en modalidad virtual facilitando la participación de estudiantes con discapacidad
Zabalza et al. (2013)	La atención a la diversidad en el contexto de las aulas hospitalarias	Un modelo de apoyo multidimensional que se adapta a las necesidades de cada niño y familia.
Doval et al. (2011)	Educación inclusiva para la atención a la diversidad en el Prácticum	Análisis de en programas de movilidad Erasmus Prácticas
Gallardo et al. (2011)	Educación inclusiva centrada en el respeto a la diversidad del alumnado y adaptación a las necesidades educativas	Desarrollo de un modelo de aprendizaje basado en el juego de descubrimiento, para el desarrollo de las habilidades fonadoras y lingüísticas
Leal (2009)	Educación inclusiva centrada en el respeto a la diversidad del alumnado y adaptación a las necesidades educativas	Metodología de investigación descriptiva

ANEXO (CONT,)		
AUTORES	**ENFOQUE DE LA INCLUSIÓN**	**ESTRATEGIAS DE INTERVENCIÓN UTILIZADAS**
Añel (2009)	Análisis del programa docente de la materia de Practicum de la titulación de Maestro de Educación Especial	Análisis y reflexión de una tutora de centro en relación a la guía docente del Practicum
Moreira y Muguerza (2007)	Conocer y analizar el perfil de uno de los sectores de población perceptor de rentas mínimas en la provincia de Ourense que ayudara en el diseño de programas y proyectos sociales específicos	Metodología de investigación descriptiva
Doval (2007)	Análisis de los servicios de atención a la diversidad de las universidades españolas	Análisis cualitativo documental de los servicios de apoyo
Campo y Fernández (2005)	Inclusión a través del desarrollo y adecuación de materiales curriculares para alumnos con NEE	Desarrollo, implementación y visibilización a otros compañeros mediante exposiciones de los materiales curriculares para alumnos con NEE durante el practicum
Jové (2005)	Sistematización y análisis de las tareas de práctium, en concreto de la memoria	Proyecto de innovación docente
Doval y Estévez (2001)	La inclusión desde la atención a la diversidad en el contexto hospitalario	Análisis y descripción de la evolución y cambios de la materia de Educación y Hospital
Bilbao et al. (1998)	Formación específica para tutores de Educación Especial	Descripción del módulo específico de formación
Pascual et al. (1998)	Inclusión como respecto a la diversidad del alumnado y la adaptación a las necesidades educativas	Programa de formación y visibilización de las discapacidades en colaboración con las asociaciones específicas para alumnado de magisterio
Díaz (1998)	Inclusión centrada en la atención a la diversidad como eje nuclear de la enseñanza de calidad	Reflexión profesional sobre la atención a la diversidad en relación al Practicum
Moya y Rubia (1995)	Necesidades de un plan de práctica para la formación inicial del profesorado de Educación Especial	Reflexión profesional
Cifuentes y Martínez (1995)	El Práctium de Educación Especial y su aportación a la formación del futuro profesor	Reflexión profesional
Gómez (1995)	Concepciones y creencias de los profesores colaboradores sobre su papel y funciones en las prácticas de enseñanza de los alumnos de 2° curso de la especialidad de Educación Especial: quince estudios de casos	Reflexión profesional

3

Sostenibilidad y Aprendizaje-Servicio. Estudio de la producción científica en los Simposios internacionales sobre Prácticum y prácticas externas

Manuel Cebrián-de-la-Serna
Ana Belén Pérez-Torregrosa
Violeta Cebrián-Robles

1. Introducción

Enfrentando la necesidad de transformar nuestro mundo hacia un futuro más sostenible, que responda a los desafíos actuales y venideros, que erradique la pobreza y fomente el desarrollo económico, las Naciones Unidas (2015) esbozaron la Agenda 2030. Este faro de esperanza fue posteriormente adoptado por la UNESCO (2020), proponiendo los 17 Objetivos de Desarrollo Sostenible (ODS). En su cuarto objetivo, "Educación de Calidad", se busca "garantizar una educación inclusiva, equitativa y de calidad y promover oportunidades de aprendizaje durante toda la vida para todos".

Una de sus metas, como la sostenibilidad, puede ser promovida en la enseñanza universitaria durante el Prácticum y las Prácticas Externas (Alcaraz et al., 2022; Álvarez-García et al., 2019; Zickafoose y Wingenbach, 2023). De esta manera, se prepara al estudiante para enfrentar los desafíos presentes y futuros con mayor formación y competencia. Por tanto, surge la pregunta crucial: ¿Qué están aportando las Universidades durante el Prácticum y las Prácticas Externas para la consecución de los ODS?

El XVII Simposio Internacional sobre el Prácticum y las Prácticas Externas, celebrado entre el 2 y 4 de julio de 2023 en Poio, Pontevedra (España), organizado por la Asociación REPPE, se centró en "La formación práctica de profesionales en el horizonte de los ODS" (Raposo-Rivas et al., 2023). Este evento se alineó con el objetivo 4 de los ODS. Una de sus siete metas subraya la necesidad de que los estudiantes adquieran los conocimientos teóricos y prácticos necesarios para promover el desarrollo sostenible (Meta 4.7).

Creemos que el Prácticum y las Prácticas Externas, junto con los proyectos de Trabajos de Fin de Grado (TFG) y Trabajos de Fin de Máster (TFM), son asignaturas clave en la enseñanza universitaria para abordar con especificidad y profundidad la temática de los ODS. Permiten diseñar en todos los programas y titulaciones universitarias una formación más integral de los profesionales, estableciendo una relación más estrecha entre el sentido transformador del conocimiento que se adquiere en las universidades y las competencias desplegadas en los contextos de prácticas externas.

Los desafíos a los que nos enfrentamos son de tal magnitud que también requieren cambios en los modelos pedagógicos y enfoques más activos en las metodologías, como el Aprendizaje-Servicio (ApS), el aprendizaje por proyectos y el aprendizaje basado en problemas. De esta manera, se establece una relación más estrecha e integral en el estudiante entre la formación teórica y el aprendizaje en los centros de prácticas.

Sensible a esta necesidad de cambio pedagógico, metodológico y de contenidos en los currículos, existen iniciativas para atender desde las universidades los ODS. Se han encontrado guías para la recomendación del inicio de la introducción de los ODS en los currículos universitarios (Kestin, 2017), así como importantes estudios de revisión en la literatura sobre la formación universitaria y los ODS en todos los grados, y otros más específicos por áreas. Sin embargo, es en el postgrado, especialmente en la formación de máster, donde tienen un espacio para su desarrollo.

Como pudimos constatar en el informe de CRUE (2023), se recogieron 415 respuestas de coordinadores de másteres, representando al 11% de los másteres de universidades españolas durante el curso 2019-2020. Este informe dibuja un mapa donde todas las áreas están representadas: Ciencias Sociales con un 45%, Ingeniería y

Arquitectura con un 18%, Humanidades con un 15%, Ciencias con un 12% y Ciencias de la Salud con un 11%. A pesar de la riqueza de este informe, existe una necesidad de más estudios sobre la presencia de los ODS en los programas universitarios. Es crucial conocer dónde nos encontramos y cómo se están abordando los ODS en la universidad desde un enfoque integral. Es importante preguntarnos qué papel juegan todas las materias del currículum, en especial el Prácticum, las Prácticas Externas, los TFG y los TFM.

Estos elementos son cruciales para entender cómo se está integrando la sostenibilidad en la educación superior y cómo podemos mejorar en este aspecto. La educación es una herramienta poderosa para el cambio, y es nuestra responsabilidad asegurarnos de que estamos utilizando esta herramienta de la manera más efectiva posible para promover un futuro sostenible.

2. Método

Nos encontramos en un punto de inflexión en este capítulo, donde nos planteamos una cuestión más específica: ¿Cómo se abordan los ODS en el Prácticum y las Prácticas Externas? Para responder a esta pregunta, nos enfocamos en el análisis de todos los documentos producidos en los Simposios Internacionales celebrados en el Monasterio de Poio. Este lugar se ha convertido en un punto de encuentro para gestores, docentes e investigadores interesados en esta temática, desde el primer simposio en 1987 hasta el último, por el momento, celebrado en 2023. Por tanto, la pregunta que guía esta revisión es: ¿Qué presencia encontramos sobre la sostenibilidad y el Aprendizaje-Servicio (ApS) en los Simposios Internacionales sobre Prácticum y Prácticas Externas, celebrados en el Monasterio de Poio, Pontevedra (España) desde su inicio?

En este estudio y análisis documental, nos centraremos exclusivamente en dos tópicos de los 17 Objetivos de Desarrollo Sostenible (ODS) que son de especial interés para el objetivo 4, Educación de Calidad: a) la Sostenibilidad como foco de atención, y b) una de las metodologías que favorecen especialmente las competencias en dichos contenidos, como es el (ApS) y sus tópicos asociados, como se puede ver en la Tabla 3.1. Este enfoque nos permitirá profundizar en cómo estos dos elementos cruciales están siendo abordados en el contexto de la educación superior.

TABLA 3.1. PALABRAS CLAVE RELACIONADAS CON EL TEMA

TÓPICOS DE BÚSQUEDA	TÓPICOS ASOCIADOS
Sostenibilidad	Desarrollo sostenible, calidad, transformación social, conciencia ecológica, resiliencia, cambio climático, centros de prácticas sostenibles, consumo responsable, servicios socioculturales, cuidado del entorno, medio ambiente, valores ecológicos, responsabilidad social
Aprendizaje-Servicio (ApS)	Formación integral, servicio a la comunidad, compromiso social, territorio rural, responsabilidad social y desarrollo comunitario

Los documentos que se incluyeron en el análisis fueron todas las actas disponibles de todos los eventos celebrados y recogidos en la página web de la asociación REPPE (http://reppe.com) y la base de datos de Dialnet. El número de aportaciones en todas las actas fueron 1448 a lo largo de todos los eventos. El procedimiento consistió en realizar búsqueda de estas dos palabras (Sostenibilidad y ApS) junto con sus tópicos asociados (Tabla 3.1) en las conferencias, mesas redondas, comunicaciones y talleres. Aplicando dicha búsqueda en el título, el resumen, las palabras clave y los objetivos de la investigación, ensayo o experiencia.

Para el volcado de la información de los documentos se realizó una adaptación de la ficha RePTIC-Ev (Raposo-Rivas y Martínez-Figueira, 2019) en un fichero excel que contenía los siguientes campos:

a) *Datos bibliométricos*
   – Año de publicación.
   – País de referencia.
   – Filiación institucional (universidad, centro educativo, empresa, ONG...).
b) *Contenido*
   – Modalidad de trabajo (experiencia, innovación, investigación, revisión teórica, propuesta teórica, propuesta formativa, de investigación...).
   – Titulación.

– Agentes implicados (tutor y tutora de universidad, tutores y tutoras de centro, estudiantes, grupos mixtos, no consta, etc.).

c) *Tópicos de búsquedas*

– Sostenibilidad.

○ Subtopico sostenibilidad: desarrollo sostenible, calidad, transformación social, conciencia ecológica, resiliencia, transferencia de conocimiento, cambio climático, centros de prácticas sostenibles, consumo responsable, cuidado del entorno, medio ambiente, valores ecológicos, responsabilidad social.

– *Aprendizaje-Servicio (ApS).*

○ Subtópico ApS: Formación integral, servicio a la comunidad, compromiso social, responsabilidad social y desarrollo comunitario.

– Encontrados en el título, palabras claves, objetivo de Investigación, ensayo o experiencia.

d) *¿De interés para un análisis en profundidad?*

– Señalaba aquellas aportaciones que representaban un trabajo específico sobre ambos tópicos a la vez: Sostenibilidad y Aprendizaje Servicio (ApS).

3. Resultados

Tras un exhaustivo análisis de todas las actas desde el inicio en 1987 hasta el último evento en 2023, hemos identificado 32 trabajos específicos que abordan los tópicos de estudio (Sostenibilidad y Aprendizaje-Servicio) en el título, resumen, palabras clave o en los objetivos del trabajo. Iniciamos con una visión panorámica a través de un análisis cuantitativo, para luego profundizar en las evidencias a través de un análisis cualitativo.

Análisis cuantitativo

Como se puede apreciar en la Figura 3.1, el tema de la Sostenibilidad ha despertado una creciente preocupación a nivel mundial en los libros publicados en lengua inglesa, especialmente desde el año 1995. Este interés destaca sobre el tema del Prácticum y el Aprendizaje-Servicio (ApS), que se han mantenido constantes en el tiempo. Al analizar la variable temporal de los Simposios (Figura 3.2), observamos un pico de interés en 2009 desde un punto de vista metodológico con los ApS, que reaparece en 2019 y se eleva considerablemente en 2023, año en el que se celebró un Simposio específico sobre ODS. Este retraso puede deberse a la difusión y transformación del concepto de sostenibilidad en todas las dimensiones de la actividad humana, incluyendo la educación en general y más específicamente el Prácticum.

Figura 3.1. *Estadísticas de las publicaciones de libro sobre Sustentabilidad, Aprendizaje Servicio y Prácticum según Google (https://books.google.com/ngrams).*

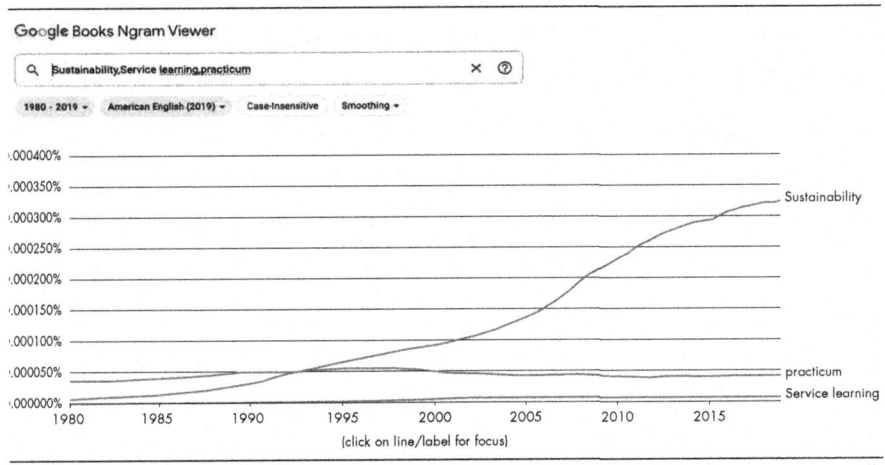

En el área de la educación, el abordaje de estos tópicos durante las actas de los eventos analizados ha sido paralelo en términos de atención. Mientras que la sostenibilidad representa un concepto e ideario, los procedimientos y metodologías para su consecución están encarnados por las aportaciones sobre ApS. Esta tendencia solo se diferencia en el evento sobre los ODS en 2023, donde predominan más las ideas y los ensayos que las prácticas y su abordaje. Sin embargo, en el análisis global con los demás Simposios a lo largo del tiempo, se observa un mayor número de trabajos sobre experiencias (63%) frente a investigaciones (18,5%) y ensayos (18,5%).

Figura 3.2. *Estadística de cuando aparecen los tópicos Sustentabilidad y Aprendizaje Servicio en los Simposios internacionales sobre Prácticum y Prácticas Externas 1987-2023.*

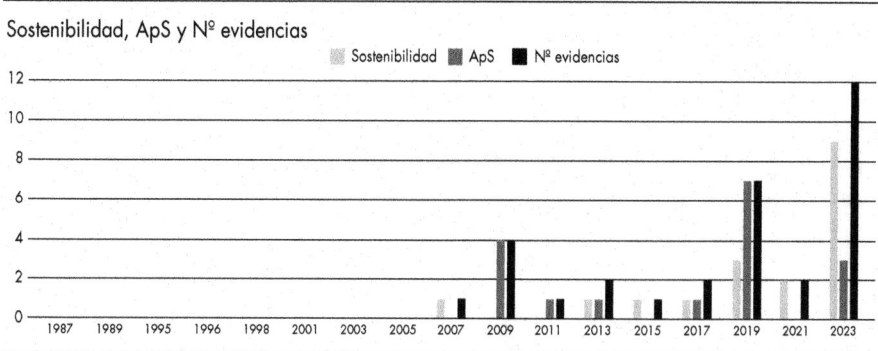

La mayoría de las aportaciones provienen del territorio español, con dos aportaciones relevantes de México, posiblemente favorecidas por las oportunidades que brindó la modalidad virtual del Simposio en estos dos últimos eventos. Se observa una mayor presencia en general del área de Educación, junto con un 28,2% de otras áreas (Sociología, Ciencias de la Información, Veterinaria, Arquitectura, Económicas, Turismo y Psicología).

Análisis cualitativo

De las 32 contribuciones identificadas que responden a las categorías planteadas, seleccionamos solo 19 para un análisis más profundo, descartando el resto porque su contenido central no aborda directamente los dos tópicos de Sostenibilidad y Aprendizaje-Servicio (ApS). A continuación (Tabla 3.2), presentamos esta revisión y mostramos las referencias correspondientes.

Tras la publicación en 2015 de la Agenda de Desarrollo Sostenible 2030, se observa un aumento significativo en la producción científica, especialmente en el área de Ciencias Sociales (Cebrián-de-la-Serna et al., 2023). Como se puede apreciar en la Figura 3.2, el Simposio refleja un aumento en su producción coincidente con esta evolución temporal sobre el tema, recogiendo de todas las contribuciones analizadas tres aspectos relevantes y coincidentes que resumimos a continuación.

TABLA 3.2. REFERENCIAS ANALIZADAS SOBRE SOSTENIBILIDAD Y APRENDIZAJE-SERVICIO

REFERENCIA	MODALIDAD	TITULACIÓN	INSTITUCIÓN	MODALIDAD DE TRABAJO	TÓPICOS
Batlle (2009)	Mesa redonda	Pedagogía, Ciencias Información Veterinaria	Fundación ZERBIKAS España	Ensayo Experiencias	ApS
Blanch-Gelabert et al. (2013)	Comunicación	Grado en Infantil	UAB	Experiencia	ApS
Cabrera-Barrera (2023)	Comunicación	Maestros/as	Benemérita Escuela Nacional de Maestros. México	Investigación	ApS
Cebrián-de-la-Serna et al. (2023)	Comunicación	Educación	UNIA, UMA, UJA, UEX	Revisión Investigación	Sostenibilidad
Díaz de Junguitu et al. (2021)	Comunicación	ADE, Arquitectura, Diseño industrial	UPV	Experiencia	Sostenibilidad
Fuentes-Agustí (2019)	Comunicación	Grado en Infantil	UAB	Experiencia	ApS
Díaz de Junguitu et al. (2017)	Comunicación	Grado en Administración y Dirección de Empresas	UPV	Experiencia	Transferencia de conocimiento
Iglesias-Martínez et al. (2023)	Comunicación	Grado en Primaria	UA	Investigación	Sostenibilidad

TABLA 3.2 (CONT). REFERENCIAS ANALIZADAS SOBRE SOSTENIBILIDAD Y APRENDIZAJE-SERVICIO

Referencia	Modalidad	Titulación	Institución	Modalidad de trabajo	Tópicos
Lalueza et al. (2019)	Auto Simposium	Grado en Psicología	UB	Experiencia	ApS
Latorre-Medina et al. (2021)	Comunicación	Grado en Infantil	UGR	Experiencia	Transferencia de conocimiento
Martínez (2009)	Conferencia	Todas	UB	Ensayo	ApS
Mendia (2009)	Mesa redonda	Varios	Fundación ZERBIKAS	Experiencia	ApS
Monllau-Jaques y Hernández-Escolano (2019)	Auto Simposium	Economía y empresa	UPF	Experiencia	Sostenibilidad ApS
Monzó-Martínez et al. (2023)	Comunicación	Máster Profesorado	UV	Experiencia	Servicio a la comunidad
Morales-Calvo et al. (2011)	Comunicación	Educación Social	UCLM	Experiencia	ApS
Pato-Rodríguez y Cid-Sabucedo (2015)	Comunicación	Grado en Primaria	UVIGO	Experiencia	Sostenibilidad
Ríos-de-Deus et al. (2023)	Comunicación	Máster Profesorado	UDC	Experiencia	Sostenibilidad
Rodicio-García et al. (2023)	Comunicación	Educación	UDC	Investigación	Sostenibilidad
Yániz et al. (2023)	Comunicación	Todas	UPV	Ensayo	ApS

a) La necesidad de avanzar en la integración de los Objetivos de Desarrollo Sostenible (ODS) en la educación universitaria de todas las titulaciones

Esta necesidad convierte a las Universidades en garantes de la formación ética y ciudadana (Martínez, 2009). Esto implica promover el estudio e investigación científica sobre los problemas que afectan al mundo, con soluciones técnicas, creativas e imaginativas que permitan un desarrollo sostenible. Según Lalueza et al. (2019), esto representa una oportunidad para desarrollar programas donde el compromiso del estudiante sea vital y se disponga de modelos que permitan realizar prácticas entre la universidad y la comunidad, fomentando un diálogo enriquecedor. Por lo tanto, el Prácticum, las Prácticas Externas y los TFG y TFM son las asignaturas universitarias ideales para desarrollar este puente dialógico.

b) La necesidad de una formación específica para el docente del futuro

Una formación que promueva la responsabilidad social y la transferencia de conocimiento hacia la sostenibilidad (Latorre-Medina et al., 2021).

En el caso de los estudiantes de educación, mayoritarios en las referencias como ya se indicó, cuando vuelven de sus prácticas se sienten con menos preparación para este tipo de temática, según Ríos-de-Deus et al. (2023). Los ODS son escasamente atendidos en los centros escolares, su contenido se trabaja de manera transversal y, principalmente, se centran en temas de medio ambiente, salud y ecología, según Iglesias-Martínez et al. (2023). Según estos mismos autores, se considera que en educación lo más importante es plantear una pedagogía transformadora, sobre todo, porque las acciones que se realizan a nivel de centro o de aula no tienen vinculación y repercusión en las familias.

A pesar de esta realidad en la mayoría de las instituciones, se comprueba que la formación decidida y bien coordinada entre la universidad y los centros de prácticas puede producir cambios importantes para los centros cuando los estudiantes se proponen estos objetivos en sus prácticas (Monzó-Martínez et al., 2023), llegando en algunos casos a continuar luego su TFM sobre el tema.

Es cierto que aún queda mucho por hacer en los contextos pre-profesionales con los que se encuentran nuestros estudiantes cuando van a los centros de prácticas, como señalan Rodicio-García et al. (2023) según la percepción que los estudiantes de educación recogen en sus memorias de prácticas. Estas mismas autoras concluyen que la educación para el desarrollo sostenible se consigue mediante una pedagogía transformadora y orientada a la acción, algo que consideran que todavía estamos lejos de conseguir en las prácticas. También resaltan entre los obstáculos, la falta de autonomía a nivel curricular en los centros, pues como sucede en las Escuelas Normales en México, según Cabrera-Barrera (2023), son dependientes del Estado sin autonomía para "diseñar, aplicar y evaluar sus propios planes de estudio" (p. 74).

*c) Se reconoce el impacto que el ApS produce en la formación
de graduados en todas las titulaciones comprometidos socialmente*

Se reconoce este impacto así como su relevancia en contextos internacionales, destacando su papel en la promoción de valores y el compromiso ciudadano, según señala Mendia (2009), quien considera también necesario promover que entre los jóvenes valores para contribuir a la sociedad desde "un espíritu renovador y una actitud constructiva" (p. 87).

En todos los programas, no podemos olvidar el papel tan importante de la participación de los estudiantes, quienes valoran positivamente la metodología ApS según Monllau-Jaques y Hernández-Escolano (2019), y añaden que estas iniciativas fomentan la transferencia de conocimiento y permiten "avanzar hacia un modelo de vida orientado a la Sostenibilidad (ODS) y la Agenda 2030" (pp. 207).

Asimismo, encontramos en el contexto del aula, la promoción y mejora de las dimensiones sociales del clima escolar (Pato-Rodríguez y Cid-Sabucedo, 2015). Esta buena disposición no evita que los estudiantes necesiten formarse en competencias para el desarrollo socioeconómico sostenible, donde las propias empresas conjuntamente con las universidades pueden representar un papel importante (Díaz de Junguitu et al., 2017; 2021) para salvar estas lagunas competenciales. Por lo que, requiere de un protocolo de actuación bien planificado de seguimiento para el desarrollo de ApS, que según Blanch-Gelabert et al. (2013) estaría determinado por fases específicas: estudio de necesidades, propuesta innovadora argumentada y contextualizada, objetivos generales y específicos, la metodología a seguir; su implementación, y valoración y reflexión al finalizar. Sin duda, como dice Morales-Calvo et al. (2011): "la universidad puede ser un espacio privilegiado desde el que impulsar creativamente este tipo de proyectos" (p. 1244).

Los ApS promueven la mejora del aprendizaje, la promoción de la responsabilidad social y el fortalecimiento de valores, junto con criterios de calidad para la implementación de los ODS en la universidad. Un programa de ApS será completo para Yániz et al. (2009), cuando permite la reflexión a los estudiantes sobre su experiencia de servicio, está estrechamente vinculado con el currículum y mejora las habilidades y actitudes hacia la ciudadanía. Sin duda, el uso de la metodología ApS para el logro de programas sobre sostenibilidad, otorga a la educación, según Batlle (2009) entre las diez principales razones que argumenta, estas dos: su papel relevante de mejora de la sociedad, así como, la mejora del aprendizaje y desarrollo de competencias entre los jóvenes.

4. Discusión y conclusiones

Tras una revisión documental y un análisis tanto cuantitativo como cualitativo de los tópicos de Sostenibilidad y Aprendizaje-Servicio (ApS) en todas las actas de los Simposios Internacionales sobre el Prácticum y las Prácticas Externas celebrados en Poio, Pontevedra (España), desde su inicio en 1987 hasta 2023, hemos descubierto una serie de hallazgos significativos.

En primer lugar, observamos un creciente interés de ApS a partir de 2009, coincidiendo con un punto de inflexión en las publicaciones sobre sostenibilidad a nivel mundial. Este interés se reavivó en 2019 y alcanzó su punto álgido en 2023, cuando se celebró un evento específicamente centrado en los Objetivos de Desarrollo Sostenible (ODS).

En segundo lugar, en línea con los objetivos de los simposios de fomentar el intercambio de experiencias, no es sorprendente que la mayoría de las contribuciones fueran experiencias (63%), frente a investigaciones (18,5%) y ensayos (18,5%). Estas contribuciones provenían principalmente del área de Educación, con un 28,2% de otras áreas como Sociología, Arquitectura, Economía, Turismo y Psicología.

En cuanto a los estudios sobre desarrollo sostenible, identificamos dos tipos predominantes. Por un lado, aquellos que integran los contenidos de sostenibilidad a través de proyectos institucionales y se incorporan de manera interdisciplinaria en las asignaturas, dando a los estudiantes la opción de participar de manera obligatoria o voluntaria. Por otro lado, los estudios que abordan la sostenibilidad durante el Prácticum a través de intervenciones con los estudiantes que realizan las prácticas, o que pretenden analizar el tipo de docentes del futuro desde la percepción de los alumnos tras su periodo de prácticas.

Los estudios enmarcados en el Prácticum de los futuros docentes destacan la necesidad de trabajar más los contenidos relacionados con la sostenibilidad desde la acción, involucrando en el cambio a la comunidad educativa, los estudiantes y las familias. La mayoría de los estudios resaltan la transferencia de conocimiento a la sociedad como el mayor logro obtenido tras las experiencias, ya que esto les ha permitido a su vez transformar la realidad con la que han trabajado los estudiantes.

Finalmente, el uso de programas sostenibles, creativos e innovadores con el uso de metodologías de ApS, representa una oportunidad para responder a una "visión de lo que debe ser y para qué debe servir la institución universitaria en términos de responsabilidad y transformación social" (Fuentes-Agustí, 2019, p. 368). Los programas de ApS promueven la mejora del aprendizaje, la promoción de la responsabilidad social y el fortalecimiento de valores, junto con criterios de calidad para la implementación de los ODS en la Universidad.

Referencias bibliográficas

Alcaraz, R.S., Monllor, E.M.T. y Rubio, J.G. (2022). Los Objetivos de Desarrollo Sostenible en el currículo escolar según la experiencia del alumnado en el Prácticum II de Magisterio. *Didáctica de las Ciencias Experimentales y Sociales*, (43), 91-106. https://doi.org/10.7203/dces.43.25305

Álvarez-García, O., García-Escudero, L.Á., Salvà-Mut, F., y Calvo-Sastre, A. (2019). Variables influencing pre-service teacher training in education for sustainable development: A case study of two Spanish universities. *Sustainability, 11*(16), 4412. https://doi.org/10.3390/su11164412

Batlle, R. (2009). Experiencias prácticas de aprendizaje servicio. En M. Raposo-Rivas, M.E., Martínez-Figueira, L. Lodeiro-Enjo, J.L. Fernández-de-la-Iglesia y A. Pérez-Abellá (Coords.), *El prácticum más allá del empleo. X Symposium Internacional sobre el Prácticum y las Prácticas Externas* (pp.184-196). Monasterio de Poio, (Pontevedra), España. https://acortar.link/2Yu9ZJ

Blanch-Gelabert, S., Edo-Basté, M. y Comes-Solé, P. (2013). Aprendizaje Servicio en el Prácticum IV Grado en Educación Infantil. Un enfoque educativo que fomenta la implicación social del alumnado completa su capacitación profesional. En P.C. Muñoz-Carril, M. Raposo-Rivas, M. González-Sanmamed, M.E. Martínez-Figueira, M.A. Zabalza-Cerdeiriña y A. Pérez-Abellás (Coords.), *Un Prácticum para la formación integral de los estudiantes. XII Symposium Internacional sobre el Prácticum y las Prácticas Externas* (pp. 503-516). Monasterio de Poio, (Pontevedra), España. https://acortar.link/MG8MrL

Cabrera-Barrera, Y. (2023). Las prácticas preprofesionales, como oportunidad para lograr la Calidad Educativa. En M. Raposo-Rivas, M.A. Zabalza-Cerdeiriña, O. Canet-Vélez, M. Cebrián-de-la-Serna, M.A. Barberá-Gregori, A. Erkizia-Olaizola y M.A. Zabalza Beraza (Coords.), *La formación práctica de profesionales en el horizonte de los ODS. XVII Symposium Internacional sobre el Prácticum y las Prácticas Externas* (pp. 73-74). https://acortar.link/xzUqu9

Cebrián-de-la-Serna, M. Pérez Torregrosa, A.B. Cebrián-Robles, V. y Ibáñez Cubillas, P. (2023). Las prácticas en el horizonte de los objetivos sostenible: un mapeo de la literatura. En M. Raposo-Rivas et al., ob. cit. (pp. 61-63). Monasterio de Poio, (Pontevedra), España. https://acortar.link/xzUqu9

CRUE (2023). *Evaluación de la vinculación de los másteres españoles con los Objetivos de Desarrollo Sostenible.* https://acortar.link/my3u4G

Díaz de Junguitu, A., Heras-Saizarbitoria, I. y Erkizia-Olaizola, A. (2017). Colaboración universidad-pymes locales en tiempos de crisis. Un programa multistakeholder. En M. Gonzales-Sanmamed, M. Raposo-Rivas, M.A. Erkizia-Olaizola, M. Cebrián-de-la-Serna, M.A. Barberá-Gregori, O. Canet-Vélez y M.A. Zabalza Beraza (Coords.), *Recursos para un Prácticum de calidad. XIV Symposium Internacional sobre el Prácticum y las Prácticas Externas.* Ob. cit. (pp. 629-630). https://acortar.link/w6eFoR

Díaz de Junguitu, A., Aldaz-Odriozola, M., Labaien-Egiguren, I., y Garayar-Erro, A. (2021). EHU EMprende: un programa multi stakeholder para el desarrollo de competencias para la sostenibilidad desde el intraemprendimiento. En Raposo-Rivas, M., Zabalza-Cerdeiriña, M.A., Canet-Vélez, O., Cebrián-de-la-Serna, M., Barberá-Gregori, M.A., Erkizia-Olaizola, A. y M.A. Zabalza Beraza (Coords.), *Prácticas externas virtuales versus presenciales: transformando los retos en oportunidades para la innovación.* XVI *Symposium Internacional sobre el Prácticum y las Prácticas Externas.* Ob. cit. (pp. 1029-1040). https://acortar.link/da4FAmp.

Díaz-García, V.J. y López De Asiain, M. (2022). Aprendizaje-Servicio en la docencia de la arquitectura: presupuestos participativos y los Objetivos de Desarrollo Sostenible. *ACE: Arquitectura, Ciudad y Entorno.* https://doi.org/10.5821/ace.16.48.10528

Fuentes-Agustí, M. (2019). Desafíos y factores de éxito del ApS en las prácticas universitarias. Estudio de casos. En A. Erkizia-Olaizola, M. Raposo-Rivas, O. Canet-Vélez, M. Cebrián-de-la-Serna, M.A. Barberá-Gregori, A. Pérez Abellás y M.A. Zabalza Beraza (Coords.), *Presente y retos de futuro. XV Symposium Internacional sobre el Prácticum y las Prácticas Externas.* En M. Raposo-Rivas et al., ob. cit. (pp. 384-479). https://acortar.link/zuy9uh

Iglesias-Martínez, M.J., Lozano-Cabezas, I., Giner-Gomis, A., y Giner-Samper, P. (2023). El aprendizaje profesional docente de los Objetivos de Desarrollo Sostenible durante el Prácticum. En M. Raposo-Rivas et al., ob. cit. (80-81). https://acortar.link/xzUqu9

Kestin, T. (Coord.). (2017). *Getting started with the SDGs in universities: A guide for universities, higher education institutions, and the academic sector.* Australia, New Zealand and Pacific Edition. Sustainable Development Solutions Network – Australia/Pacific, Melbourne. https://acortar.link/6c9zV

Lalueza, J.L., García-Romero, D., Blanch, S., Edo, M. y Peire, T. (2019). *La implementación de proyectos Aprendizaje-Servicio en la Universidad Autónoma de Barcelona a través de las prácticas externas. El caso de la facultad de Psicología.* En Erkizia-Olaizola et al., ob. cit. (pp. 249-258). https://acortar.link/zuy9uh

Latorre-Medina, M.J., Bermúdez-Martínez, M., Sánchez Núñez, Ch. y García Guzmán, A. (2021). *El Aula-Laboratorio de Educación Infantil como recurso de innovación y transferencia de conocimiento de la Universidad a los centros educativos.* En M. Raposo-Rivas, et al., ob. cit. (pp. 901-924). https://acortar.link/da4FAmp.

Martínez, M., (2009). *Aprendizaje-Servicio: bases conceptuales y sentido formativo.* En M. Raposo-Rivas et al., ob. cit. (pp.23-33). https://acortar.link/2Yu9ZJ

Mendia Gallardo, R. (2009). *Aprendizaje servicio solidario: experiencias prácticas.* En M. Raposo-Rivas et al., ob. cit. (pp. 79-88). https://acortar.link/2Yu9ZJ

Monllau-Jaques, M.T. y Hernández-Escolano, C. (2019). *ApS a través de prácticas profesionales en un entorno próximo y de movilidad internacional: el caso de la Facultad de Economía y Empresa en la UPF.* En A. Erkizia-Olaizola et al., ob. cit. (197-208). https://acortar.link/zuy9uh

Monzó-Martínez, A.M., Martínez-Agut, M.P. y Chocomeli-Fernández, M.F. (2023). *Prácticum y ODS en la formación del profesorado de la Familia Profesional de Servicios Socioculturales y a la Comunidad.* En M. Raposo-Rivas et al., ob. cit. (119-122). https://acortar.link/xzUqu9

Morales-Calvo, S., Mari-Ytarte, R. y Macías, E. (2011). La proyección social en el Prácticum de Educación Social de la Facultad de Ciencias Sociales de Talavera la Reina. El aprendizaje servicio como modalidad del prácticum. En M. Raposo-Rivas, M.A. Zabalza-Cerdeiriña, O. Canet-Vélez, M. Cebrián-de-la-Serna, M.A Barberá-Gregori, A. Erkizia-Olaizola y M.A. Zabalza Beraza (Coords.), *Prácticas externas virtuales versus presenciales: transformando los retos en oportunidades para la innovación. XVI Symposium Internacional sobre el Prácticum y las Prácticas Externas* (pp. 1237-1245). https://acortar.link/da4FAm

Naciones Unidas (2015). *Transformar nuestro mundo: la Agenda 2030 para el Desarrollo Sostenible.* Resolución aprobada por la Asamblea General el 25 de septiembre de 2015. A/RES/70/1, 21 de octubre. https://acortar.link/CzXt6l

Naciones Unidas (2024). *17 objetivos para transformar nuestro mundo.* https://www.un.org/sustainabledevelopment/es/education/

Pato-Rodríguez, S.E. y Cid-Sabucedo, A. (2015). La experiencia del Prácticum del grado de educación primaria para la mejora del clima escolar desde el fomento de la sostenibilidad. En M. Raposo-Rivas, P. Muñoz Carril, M.A. Zabalza-Cerdeiriña, M.E. Martínez-Figueira y A. Pérez-Abellás (Coord.). *Documentar y evaluar la experiencia de los estudiantes de prácticas. XIII Symposium Internacional sobre el Prácticum y las Prácticas Externas* (pp. 1659-1670). https://acortar.link/rybFZJ

Pegalajar Palomino, M.C., Burgos García, A. y Martínez Valdivia, E. (2022). Educación para el Desarrollo Sostenible y Responsabilidad Social: claves en la formación inicial del docente desde una revisión sistemática. *Revista de Investigación Educativa, 40*(2), 421-437. http://dx.doi.org/10.6018/rie.458301

Raposo-Rivas, M. y Martínez-Figueira, E. (2019). ¿Tecnologías emergentes o tecnologías emergiendo?: Un estudio contextualizado en la práctica preprofesional. *Educar, 55*(2), 499-518. https://raco.cat/index.php/Educar/article/view/359307

Raposo-Rivas, M., Zabalza-Cerdeiriña, M.A., Canet-Vélez, O., Cebrián-de-la-Serna, M., Barberá-Gregori, M.A., Erkizia-Olaizola, A. y Zabalza Beraza, M.A. (Coords.) (2023). *La formación práctica de profesionales en el horizonte de los ODS. XVII Symposium Internacional sobre el Prácticum y las Prácticas Externas.* Monasterio de Poio, (Pontevedra), España. https://acortar.link/xzUqu9

Ríos-de-Deus, M.P., Rodicio-García, M.L., Díaz-Crespo, A. (2023). *Adquisición de competencias para el logro de los Objetivos de Desarrollo Sostenible, en el período de prácticas curriculares en títulos de Ciencias de la Educación. La experiencia de los discentes.* En M. Raposo-Rivas et al., ob. cit. (57-58) https://acortar.link/xzUqu9

Rodicio-García, M.L., Ríos-de-Deus, M.P., Díaz-Crespo, A. (2023). ¿*Trabajan los centros de prácticas las competencias necesarias para el logro de los Objetivos de Desarrollo Sostenible?* En M. Raposo-Rivas et al., ob. cit. (59-60). https://acortar.link/xzUqu9

UNESCO (2020). *Educación para el Desarrollo Sostenible. Hoja de ruta.* https://acortar.link/t8NArl

Yániz, C., Elespuru, I. y Villardón, L., (2009). *Aprendizaje-Servicio en la Universidad: formación y enseñanza.* En M. Raposo-Rivas et al., ob. cit. (pp. 71-78). https://acortar.link/2Yu9ZJ

Zickafoose, A., y Wingenbach, G. (2023). Incorporating Field Experience into International Agricultural Development Programs. *Education Sciences, 13*(5), 456. https://doi.org/10.3390/educsci13050456

4

Las prácticas curriculares como escenario para la adquisición de competencias en línea con los Objetivos de Desarrollo Sostenible

María Luisa Rodicio-García
María Paula Ríos-de-Deus
Ana Díaz-Crespo

1. Introducción

La estancia del alumnado en los centros de prácticas sigue siendo una temática muy estudiada en la literatura, tanto desde un punto de vista pedagógico como desde el psicológico, el sociológico, el económico y también desde el de la política universitaria.

Se trata de un período formativo de alta carga práctica por lo que siempre es muy bien acogido por el alumnado. Pero ya bien entrado el siglo XXI se plantean interrogantes acerca del papel que juegan estos períodos de prácticas en la futura profesionalización y en la formación de ciudadanos y profesionales sensibles a los problemas sociales y con una alta carga de responsabilidad social. Para ello, es necesario que durante este período formativo los centros que los acogen y los y las profesionales que los tutorizan prediquen con el ejemplo incorporando medidas que trabajen en pro de una sociedad más justa, equitativa y sostenible.

2. Marco teórico

El período de prácticas curriculares es el momento de la carrera que más aprecia el estudiantado porque le permite entrar en contacto con ese mundo laboral del que se le habla en la Facultad, pero del que tan poco conocen. Siendo considerado como el espacio de intersección entre la teoría y la práctica, entre el ámbito laboral y el formativo, a través del que se adquieren y desarrollan competencias propias para el futuro desempeño profesional (Fernández, 2020).

En este sentido, y en línea con Zabalza, se entienden las prácticas curriculares como: "el periodo de formación que pasan los y las estudiantes en contextos laborales propios de la profesión (...); constituye, por tanto, un periodo de formación (...) que el alumnado pasa fuera de la Universidad trabajando con profesionales de su sector en escenarios de trabajos reales" (2003, p. 45). Y que "pretende establecer una alternancia o complementación de los estudios académicos con la formación en centros de trabajo" (Zabalza, 2006, p. 1).

Tras la publicación de las múltiples normativas reguladoras de los títulos en España, desde hace casi dos décadas la educación superior puso el foco en la realización de prácticas externas que fueron incluidas en todos los planes de estudios, con determinado valor y diferente número de créditos y planificación. También se han probado y aprobado, a lo largo de estos años, diferentes fórmulas y tipologías de prácticas (obligatorias, optativas, curriculares, extracurriculares, etc.), dedicando más recursos humanos, financieros y materiales, para gestionar esta actividad, incrementando encuentros, reuniones, simposios monográficos, para llegar a convertir las prácticas curriculares en una importante evidencia de la enseñanza universitaria de calidad (Fernández, 2020).

Otro de los hitos relevantes en la formación universitaria es el cambio de paradigma, transitando hacia una educación basada en competencias. Este nuevo contexto de aprendizaje requiere cambios fundamentales para que el alumnado reciba la formación necesaria en competencias para la adecuada sostenibilidad como futuros profesionales (Ull, 2010).

La clave del éxito de una educación en sostenibilidad pasa porque la Universidad logre desarrollar, transformar y movilizar a su alumnado, a través de un enfoque global e integrador, para adquirir conocimiento de los Objetivos de Desarrollo Sostenible (ODS).

Estos objetivos son integrales e indivisibles y sirven de orientación para garantizar una vida sostenible a través de enfoques universales, transformadores e inclusivos. También incluyen desafíos sociales, económicos y medioambientales, que requieren trasformaciones en el funcionamiento de las sociedades. Los gobiernos, la sociedad civil organizada, el sector privado, empresas y las instituciones educativas, incluyendo las de educación superior serán los actores esenciales para ayudar a la sociedad a enfrentar estos desafíos (UNESCO, 2017).

En las tres cumbres mundiales del desarrollo sostenible, la Conferencia sobre Medio Ambiente y desarrollo de las Naciones Unidas (UNCED), de 1992 en Río de Janeiro (ONU, 1992); la Conferencia sobre Desarrollo Sostenible de las Naciones Unidas (UNCSD), en Johannesburgo (ONU, 2012); y, la Cumbre Mundial sobre Desarrollo Sostenible (WSSD), (ONU, 2002), también en Río de Janeiro; se han querido impulsar múltiples cambios que todavía están por llegar.

Después de varios años hablando de competencias, todavía parece que se carece de una conceptualización que lleve a comprender qué es lo que se trata de hacer, de ser y de estar, como ya apuntaba el Informe Delors, allá por el año 1996. La estancia del alumnado en los centros de prácticas parece el momento ideal para que pueda demostrar todo lo que ha aprendido en la Facultad, que debe ir más allá de los contenidos teóricos para hacer de la educación un bien que ayude a la sostenibilidad del planeta. Por ello, cada vez más, se habla de Educación para el Desarrollo Sostenible (EDS). Como señala el Informe de la UNESCO (2017):

> "(…) La EDS ofrece una educación que importa y que es realmente relevante para todos los alumnos a la luz de los desafíos actuales". Y también señala que debería "(…) empoderar al alumnado a través de la reflexión sobre cómo incide su propia práctica en la transformación de los centros escolares y en definitiva en la sociedad" (p.7).

Las competencias no se pueden enseñar, sino que es el propio alumnado quien debe desarrollarlas. Se adquieren a través de la acción, sobre la base de la experiencia y de la reflexión (UNESCO, 2015; Weinert, 2001). Si a esto se une que los años pasan rápido y la Agenda 2030 (ONU, 2015) está cada vez más cerca, la situación invita a reflexionar sobre si los aprendizajes del alumnado contribuyen a que se cumplan y, realmente, se alcancen los ODS (ONU. 2019), que tanto bien harían a nivel mundial.

Por otro lado, las prácticas son un período de choque con la realidad, de ver y de saber lo que hay y lo que debería de haber; y en manos de docentes y discentes, está el gran cambio que la sociedad necesita. No llegan los contenidos cognitivos para alcanzar la EDS que posibilite conseguir los ODS; hace falta un cambio de actitud que lleve, si no es a primar, sí a poner al mismo nivel los objetivos de aprendizaje cognitivo, con los socioemocionales y los conductuales. Para ello, hace falta saber cómo hacerlo y, por ende, la formación específica en el profesorado para que lo pueda transmitir al alumnado.

En este sentido, las instituciones deben estar a la altura, propiciando cambios de actitud que reflejen una verdadera apuesta por este tipo de competencias y también se hace necesario un cambio en la formación del profesorado que verdaderamente les ayude a asumir esta formación y, así transmitirla a su alumnado. Pero antes de llegar a ese nivel, se necesita conocer qué piensan los estudiantes que entran en una institución a realizar sus prácticas y ven cómo se desarrollan las actividades.

El alumnado de Ciencias de la Educación presenta una experiencia pasada, como estudiante, lejos de lo que son y lo que se vive en los centros, cuando accede a ellos para realizar las prácticas curriculares. Como señalan Sebastiá et al. (2022, p. 92): "(…) La indagación en la influencia de las prácticas en la formación del profesorado es un tema que ha preocupado y constituye un centro de interés para los investigadores en educación".

A esta reflexión se pueden unir otras perspectivas de los estudiosos del tema que hablan de tres formas de investigar sobre las prácticas curriculares:

1) Una tiene que ver con el análisis únicamente de las competencias prácticas que el alumnado adquiere en esa asignatura, "Prácticum", como así se refleja en los trabajos de revisión de la literatura sobre el tema, realizados por Carabo & Öz & Saiz-Linares (2023).

2) Los que se fijan en las competencias adquiridas durante la estancia en el centro de prácticas (Sarceda-Gorgoso & Rodicio-García (2018) Becerra-Sepúlveda, Ibáñez-Muñoz, & Giovanetti (2023), Sharma, & Choudhury, (2023.), Wola, Rungkat, & Donad (2023), entre otros.

3) En menor medida se estudia la relación que existe entre los aprendizajes realizados en las prácticas con los que se imparte en los centros formativos de los que provienen los estudiantes (Kırkg et al., 2023). Esto es lo importante, que los centros emisores sean capaces de ver y sensibilizarse con los problemas reales de los centros de prácticas porque es lo que se van a encontrar los estudiantes una vez finalicen los estudios y pruebas pertinentes, y se enfrenten al mercado laboral.

El objetivo de este capítulo se concreta en conocer la percepción del alumnado de la Facultad de Ciencias de la Educación de la Universidad de A Coruña (UDC), acerca de si los centros de prácticas trabajan los ODS y, por tanto, si el período de prácticas curriculares contribuye a que desarrollen las competencias alineadas con ellos.

Como objetivos específicos se contemplan los siguientes:

- Conocer la percepción del alumnado, de dicha Facultad, a nivel general acerca de si los centros de prácticas trabajan los ODS.
- Analizar si su percepción difiere al atender a las variables de identificación analizadas.

3. Metodología

Para el desarrollo de este trabajo se utilizó una metodología cuantitativa, descriptiva e inferencial con el cuestionario como instrumento de recogida de información. Este instrumento fue elaborado *ad hoc* y se responde en una escala tipo Likert, con cinco opciones de respuesta, donde el 1 significa "Nada de acuerdo" con la afirmación que se presenta, y el 5 significa "Totalmente de acuerdo".

Las preguntas se configuran en tres bloques. El primero recoge las variables de identificación tales como: género, edad, tipo de centro de prácticas y titulación; el segundo recopila la percepción del alumnado acerca de si los centros de prácticas trabajaban en línea con los ODS; y, finalmente, se recogen ítems que se refieren a su percepción acerca de si durante el Prácticum adquirieron competencias en la línea de los ODS.

La validez del cuestionario se analizó pasándoselo previamente a una submuestra compuesta por 5 estudiantes de Grado y 5 de Máster a los que se unieron 3 docentes universitarios del área de Métodos de Investigación y Diagnóstico en Educación. Una vez incorporados los cambios que sugirieron y se consideraron relevantes, se elaboró el cuestionario definitivo, que tiene una alta fiabilidad, con un alfa de Cronbach de .964.

Una vez elaborado el instrumento en Google Forms, fue distribuido entre el alumnado que había realizado sus prácticas en el curso académico 2022-23, a través del Campus Virtual de las asignaturas de Prácticum, tanto del I como del II.

La muestra la componen un total de 252 sujetos que estudian el Grado en Educación Primaria, el Grado en Educación Infantil, el Grado en Educación Social y el Grado en Logopedia. A ellos se añade el Máster Universitario en Profesorado de Educación Secundaria Obligatoria y Bachillerato, Formación Profesional y Enseñanza de Idiomas de la Facultad de Ciencias de la Educación de la Universidad de A Coruña. El 79,4% de las personas participantes son mujeres y el 20,6% son hombres, algo normal en Facultades de Educación que siguen estando muy feminizadas. La media de edad es de 25-26 años (D.T.= 8.662), oscilando entre los 20 y los 51 años.

Los datos de carácter más personal recogidos no permitían la identificación de las personas participantes, cumpliendo así con las indicaciones recibidas por el comité de ética de la Universidad, y con las recomendaciones de la Declaración de Helsinki (2016/679) creada por la Asociación Médica Mundial.

La mayoría de los centros de prácticas son públicos, alcanzando un 75,4%; los privados concertados representan el 21,4% y los privados el 3,2%. Un 46,4% del alumnado cursa el Prácticum II, el 40,9% cursa el Prácticum I y, solamente tienen un Prácticum el 12,7%, que se corresponde con el alumnado que realiza estudios de máster.

Atendiendo a las titulaciones que cursan, la muestra se distribuye tal y como se presenta en la Figura 4.1.

Se realizaron análisis descriptivos y tablas de contingencia. Para analizar la significatividad estadística de las diferencias se aplicó la prueba t de Student y d de Cohen; y para la relación de las variables se realizó el ANOVA de un factor y pruebas post-hoc. Para ello se utilizó el paquete estadístico IBM Statistic, versión 28.

Figura 4.1. *Distribución de la muestra en función de los estudios cursados.*

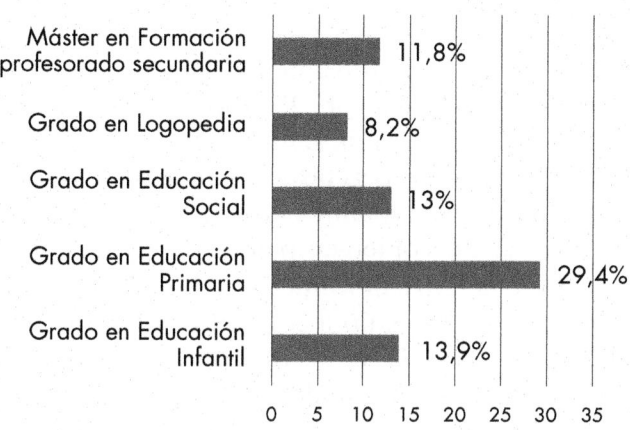

No se tuvieron en cuenta todos los ODS por dos razones fundamentales: una tiene que ver con la longitud del cuestionario final, y la otra, y la fundamental, por la menor cercanía del ODS con los contenidos curriculares impartidos en los diferentes títulos. Los objetivos seleccionados se presentan en la Tabla 4.1.

TABLA 4.1. OBJETIVOS DE DESARROLLO SOSTENIBLE ANALIZADOS	
OBJETIVO	**DENOMINACIÓN**
3 Salud y bienestar	• Prevención y tratamiento de la salud mental • Fomentar el bienestar • En general, estas metas se trabajan
4 Educación de calidad	• Eliminar disparidades de género • Asegurar el acceso igualitario a la enseñanza • En general, estas metas se trabajan
5 Igualdad de género	• Preocupación por la igualdad de género • En general, esta meta se trabaja
11 Ciudades y comunidades sostenibles	• Atienden a los servicios básicos de las familias • Se preocupan por la seguridad en el entorno del centro • En general, estas metas se trabajan
12 Producción y consumo responsables	• Se conciencia sobre el consumo responsable • Hacen ver la relación de lo que trabajan con la sostenibilidad del planeta • En general, estas metas se trabajan
13 Acción por el clima	• Se realizan actividades para combatir el cambio climático • Se conciencia sobre la huella ambiental negativa • En general estas metas se trabajan

4. Resultados

Los resultados se muestran globalmente y segmentados en función de las variables de identificación. En cada caso, se analiza la percepción del alumnado acerca de si los centros de prácticas trabajan los ODS y si el período de prácticas curriculares contribuye a que se desarrollen competencias alineadas con ellos. De este modo, se puede dar respuesta a los objetivos planteados en este trabajo.

Como la diferencia entre el número de hombres y mujeres de la muestra es grande, se procedió a configurar una nueva muestra al azar de mujeres, similar a la de los hombres, atendiendo a los mismos criterios muestrales, para poder realizar los análisis comparativos atendiendo al género.

En cuanto a la edad, la muestra es muy dispersa, con una media de 25-26 años, y una D.T. de 8,662. Para los análisis se realizó una reconfiguración de la variable en intervalos que van desde los 20 a los 30 años, de los 30 a los 40 años, de los 40 a los 50 años y de más de 50 años.

4.1. Percepción del alumnado acerca de si los centros de prácticas trabajan los ODS

Si se tiene en cuenta la muestra en general, la percepción del alumnado es que en los centros de prácticas se trabaja en pro de la calidad de la enseñanza (M=4,22) y, concretamente, sobre el acceso igualitario a esta (M=4,18). Los aspectos que menos señalan son la prevención y el tratamiento de la salud mental y ser capaces de ligar o poner en relación lo que están trabajando con la sostenibilidad del planeta, tal y como se muestra en la Tabla 4.2.

La percepción del alumnado muestra que lo que más se trabaja en los centros de prácticas son los objetivos relativos a *la calidad de la educación*, en concreto, las metas del "Asegurar acceso igualitario a la enseñanza" (*M*=4,18; *D.T.*=1,157) y que, "En general, estas metas se trabajan" (*M*=4,18; *D.T.*=1,153).

Las puntuaciones más bajas se relacionan con el objetivo dedicado a la *salud y el bienestar*, concretamente a la meta de "Prevención y tratamiento de la salud mental" (*M*=2,90; *D.T.*=1,124).

TABLA 4.2. DESCRIPTIVAS GENERALES SOBRE LA PERCEPCIÓN DEL ALUMNADO EN CUANTO A SI EN LOS CENTROS SE TRABAJAN LOS ODS

Objetivo		Denominación	M	D. T.
3	Salud y bienestar	Prevención y tratamiento de la salud mental	**2,90**	1,124
		Fomentar el bienestar	3,11	1,058
		En general, estas metas se trabajan	3,02	1,058
4	Educación de calidad	Eliminar disparidades de género	3,23	1,143
		Asegurar acceso igualitario a la enseñanza	**4,18**	1,157
		En general, estas metas se trabajan	**4,22**	1,153
5	Igualdad de género	Preocupación por la igualdad de género	3,92	1,247
		En general, esta meta se trabaja	3,76	1,154
11	Ciudades y comunidades sostenibles	Atienden a los servicios básicos de las familias	3,93	1,123
		Se preocupan por la seguridad en el entorno del centro	3,72	1,117
		En general, estas metas se trabajan	3,41	1,270
12	Producción y consumo responsables	Se conciencia sobre el consumo responsable	3,25	1,236
		Se hacen actividades de consumo responsable	**3,23**	1,179
		Hacen ver la relación de lo que trabajan con la sostenibilidad del planeta	**2,90**	1,251
		En general, estas metas se trabajan	3,10	0,208
13	Acción por el clima	Se realizan actividades para combatir el cambio climático	2,91	1,179
		Se conciencia sobre la huella ambiental negativa	**3,55**	1,140
		En general, estas metas se trabajan	3,60	1,050

Si se considera la variable "género", solamente se dan diferencias estadísticamente significativas en las metas "Se preocupan por la seguridad en el entorno del centro" (t_{250}=-1,850, p=.033<.05), "Se conciencia sobre el consumo responsable" (t_{250}=-2,129, p=.017<.05), y "Se realizan actividades para combatir el cambio climático" (t_{250}=-1,850, p=.034<.05), siendo las mujeres las que más lo indican.

En todos los casos, la d de Cohen es superior a .75, un buen dato dadas las características del estudio.

En cuanto a la edad, primero se realizó una reconfiguración de la variable en intervalos, tal y como quedó expuesto en la descripción de la muestra. En este caso, el alumnado más joven es más receptivo a esta cuestión mientras que el más próximo a la jubilación no lo es; si bien ninguna variable resultó estadísticamente significativa después del análisis factorial realizado.

Son los centros públicos los que más se preocupan por el desarrollo sostenible en todos sus ámbitos. Las diferencias son significativas en los aspectos relativos al medio ambiente. Es curioso observar que es el alumnado del Prácticum I el que percibe más que sí se ocupan de cuestiones de educación para la sostenibilidad. Las diferencias con el Prácticum II son estadísticamente significativas en: "Prevención y tratamiento de la salud mental" (t_{218}=2,989, p=.002<.05), "Fomentar el bienestar" (t_{218}=2,015, p=.023<.05), "Se preocupan por la seguridad en el entorno del centro" (t_{218}=1,757, p=.040<.05), "Se conciencia sobre el consumo responsable".

Finalmente, se puede apuntar que en los datos en función de la titulación se dan diferencias estadísticamente significativas entre el Grado en Logopedia y las demás titulaciones, en ítems como: "Prevención y el tratamiento de la salud mental" y "Se fomenta el bienestar" (F_4=0,981, p=.016<.05); "Eliminar disparidades de género" (F_4=3,266, p=.012<.05); "Asegurar el acceso igualitario a la enseñanza" (F_4=7,283, p=.001<.05), y "Preocupación por la seguridad en el entorno educativo" (F_4=3,654, p=.007<.05). Las pruebas *post hoc* realizadas confirman esta significatividad de las diferencias en relación con la titulación de Logopedia, que, aunque se imparte en la Facultad de Ciencias de la Educación, es de la rama de Ciencias de la Salud.

4.2. Percepción del alumnado acerca de si el período de prácticas curriculares contribuye a que desarrollen competencias alineadas con los ODS

La opinión generalizada del alumnado es que apenas adquieren competencias relativas a "Se conciencia sobre la huella ambiental negativa" (M=1,8; $D.T.$=1,076, así como la "Prevención y tratamiento de la salud mental" (M=1,27; $D.T.$=1,007), tal y como se ve en la Tabla 4.3. Las puntuaciones más altas indican que el Prácticum, sea I o II o el único en la titulación, le permite preocuparse por "Se preocupan por la seguridad en el entorno del centro" (M=3,91; $D.T.$=1,222), le facilita," Se hacen actividades de consumo responsable" (M=3,8; $D.T.$=1,089) y le posibilita, "Asegurar el acceso igualitario a la enseñanza" (M=3,8; $D.T.$=1,214).

En esta última tabla de resultados (Tabla 4.3), se puede observar cómo, en general, las puntuaciones son más bajas en todas las metas, que lo que indicaba el alumnado respecto a si consideraban que los centros de prácticas sí las trabajaban. Algo está pasando para que no

TABLA 4.3. DESCRIPTIVAS GENERALES SOBRE LA PERCEPCIÓN DE LOS/LAS ESTUDIANTES EN CUANTO A SI HAN ADQUIRIDO LAS COMPETENCIAS ALINEADAS CON LOS ODS

OBJETIVO		DENOMINACIÓN	M	D. T.
3	Salud y bienestar	Prevención y tratamiento de la salud mental	**1,27**	1,007
		Fomentar el bienestar	3,10	1,112
		En general, estas metas se trabajan	2,45	1,671
4	Educación de calidad	Eliminar disparidades de género	2,9	1,163
		Asegurar acceso igualitario a la enseñanza	**3,8**	1,214
		En general, estas metas se trabajan	3,1	1,089
5	Igualdad de género	Preocupación por la igualdad de género	3,3	0,099
		En general, esta meta se trabaja	3,00	1,012
11	Ciudades y comunidades sostenibles	Atienden a los servicios básicos de las familias	3,02	1,450
		Se preocupan por la seguridad en el entorno del centro	**3,91**	1,222
		En general, estas metas se trabajan	3,4	1,134
12	Producción y consumo responsables	Se conciencia sobre el consumo responsable	2,6	1,002
		Se hacen actividades de consumo responsable	**3,8**	1,089
		Hacen ver la relación de lo que trabajan con la sostenibilidad del planeta	2,1	1,001
		En general, estas metas se trabajan	3,00	0,089
13	Acción por el clima	Se realizan actividades para combatir el cambio climático	2,9	1,66
		Se conciencia sobre la huella ambiental negativa	**1,8**	1,076
		En general, estas metas se trabajan	2,01	1,102

llegue a los estudiantes esa sensación de que sí las aprenden, cuando el centro las está trabajando.

Atendiendo a la variable "género", solamente se dan diferencias estadísticamente significativas en las metas "Se hacen actividades de consumo responsable" (t_{250}=-1,771, p=.039<.05), "me hago más consciente de la sostenibilidad del planeta" t_{250}=-2,073, p=.039<.05), y sobre la "huella ambiental negativa" (t_{250}=-2,073, p=.020<.05), donde las mujeres manifiestan que lo perciben más. En todos los casos la d de Cohen es superior a .70.

Atendiendo a la edad, queda patente que las personas más jóvenes son las que menos preparadas se sienten al salir de las prácticas en este tipo de temáticas. Solamente es estadísticamente significativa la variable referida a la necesidad de "Eliminar disparidades de género" (p =. 015 < .05), con una percepción mayor en las chicas; y con un tamaño del efecto moderado (d = .58).

En cuanto a la titulación, una vez más es el Grado en Logopedia el que marca una tendencia diferente a los otros cuatro. En este caso, los estudiantes señalan que adquieren más competencias en las mismas variables que se veían al hablar del trabajo realizado por los centros de prácticas y se añaden, además, que puntúan significativamente más bajo en las competencias relacionadas con los "servicios básicos de las familias".

5. Discusión y conclusiones

Todo el esfuerzo realizado en la línea de los Objetivos de Desarrollo Sostenible es poco para poder lograr una ciudadanía más justa y responsable, que atienda a las diferencias y las prevenga. En la actualidad, la prevención no se ve reflejada en las acciones tanto gubernamentales como de otra índole y se recurre a acuerdos "in extremis", que no llegan a tiempo ni a los colectivos necesitados.

Con este trabajo se ha pretendido poner el "dedo en la llaga". Los jóvenes de hoy son los ciudadanos del mañana y la herencia que les dejamos es bastante desoladora. Hay que actuar ya, aunque sea de manera reactiva y no proactiva como debiera de ser. En las escuelas y, por supuesto, en las familias es donde se ha de intervenir para que despertemos las conciencias y veamos qué estamos haciendo con el mundo en el que vivimos y que tan poco valoramos.

En este sentido, esta investigación, aunque habría mucho más que indagar en la misma línea; informa de cómo se perciben las cosas utilizando el período de prácticas como escenario, que es el lugar donde ven con más claridad la realidad que les tocará vivir y en la que tendrán que trabajar. Si no educamos para la vida en sociedad difícilmente podremos pedir que se trabaje en pro de la globalidad. El decir "a mí no me va a pasar", es una falacia que impide el avance en temas de equidad, seguridad y justicia social.

Los datos obtenidos muestran que este tema del desarrollo sostenible es una especie de moda que nos tranquiliza, pero que poco se ve al obtener datos como el de la poca implicación, en general y desde el punto de vista práctico de los estudiantes, con los ODS. Así lo refleja el hecho de que sensibilizar con la igualdad de género se puntúa más alto que hacer algo para conseguirla.

También llama la atención que cuando se les pregunta si los centros trabajan competencias que lleven a la consecución de los ODS, puntúen más alto que a la hora de señalar si consideran que ellos los tienen adquirido. Por su parte, muestra una respuesta madura y que sugiere algunas líneas por donde deberían discurrir los cambios en las prácticas curriculares. O bien habría que realizar otras dinámicas de trabajo o aumentar su duración repartiéndolo en la carrera, por ejemplo, para que se consigan.

Es importante que el alumnado entienda que trabajará en un medio en constante transformación en lo social y en las políticas educativas. Si se tiene en cuenta que estas últimas rara vez son acordes a la realidad de los centros educativos y sanitarios, se deja en manos del personal docente de universidad todo el peso de lo que ocurra en la formación de los ciudadanos de aquí a muchos años.

La Educación para el Desarrollo Sostenible conlleva una pedagogía transformadora y orientada a la acción, lo que implica un aprendizaje autodidacta, la participación y la colaboración, la orientación hacia los problemas, la inter y la trandisciplinariedad y la creación de vínculos entre el aprendizaje formal y el informal (UNESCO, 2017), algo todavía lejos de conseguir.

Finalmente, cabe destacar la tendencia diferente del Grado en Logopedia que podría explicarse diciendo que es una titulación con una vinculación clínica y sanitaria y no educativa.

Incorporar los ODS en el desarrollo docente de las prácticas curriculares de la UDC entra en el ODS 4, Educación de Calidad, y además lleva implícito el compromiso de motivar y mostrar a nuestro alumnado los objetivos y metas a los que se enfrenta la sociedad y que formarán parte de su futuro profesional y compromiso personal con la sociedad.

Las limitaciones de este trabajo están fundamentalmente centradas en el número de participantes de la muestra que podría ampliarse para que los resultados fuesen más concluyentes. También en el tipo de metodología utilizada, al ser un estudio cuantitativo con el cuestionario como única fuente de información, se puede perder información que sería interesante recoger con metodologías cualitativas tales como, la entrevista, la observación participante o los grupos focales, entre otras; que faciliten información sobre las opiniones, las creencias y los valores, permitiendo así, la triangulación de los resultados y el enriquecimiento del estudio.

Referencias bibliográficas

Ayala, C.F., Orozco, C.C. (2024). Saberes Experienciales Docentes en el Prácticum de Educación Física, Recreación y Deporte. *Retos, 53,* 271-279.

Asociación Médica Mundial (2015). *Declaración de Helsinki. Principios éticos para las investigaciones médicas en seres humanos.* https://www.wma.net/es/policies-post/declaracion-de-helsinki-de-la-amm-principios-eticos-para-las-investigaciones-medicas-en-seres-humanos/

Becerra-Sepúlveda, C., Ibáñez-Muñoz, R. y Valenzuela Giovanetti, E. (2023). Formación inicial docente basada en el prácticum: la academia reflexiva como praxis fundamental para la formación de profesores. *Revista Colombiana de Educación, 87,* 111-138. https://doi.org/10.17227/rce.num87-13011

Cabaroğlu, N. & Öz, G. (2023). Practicum in ELT: a systematic review of 2010-2020 research on ELT practicum. *European Journal of Teacher Education, 1*(20). https://doi.org/10.1080/02619768.2023.2242577

Delors, J. et al. (1996). *La educación encierra un tesoro.* Unesco/Santillana.

Fernández, J.T. (2020). El prácticum en educación superior. Algunos hitos, problemáticas y retos de las tres últimas décadas. *REDU. Revista de Docencia Universitaria, 18*(1), 105-121.

Kırkg, J. O'Dwyer J., Godfrey, T & Üstünel, E. (2023). *Teaching and Teacher Education, 132*, 1-10. https://doi.org/10.1016/j.tate.2023.104204

Nelson, E. & Charteris, J. (2024). Shifting power relations in innovative learning environments: implications for initial teacher education and practicum. *Oxford Review of Education, 1*, 1-17. https://doi.org/10.1080/03054985.2024.2320369

ONU (1992). *Report of the United Nations Conference on Environment and Development (UNCED).* A/CONF.151/26/Rev., 1(l)). chrome-extension://efaidnbmnnnibpcajpcglclefindmkaj/https://documents-ddsny.un.org/doc/UNDOC/GEN/N92/836/55/PDF/N9283655.pdf?OpenElement

ONU (2002). *Informe de la Cumbre Mundial sobre el Desarrollo Sostenible.* A/CONF. 199/20. chrome-extension://efaidnbmnnnibpcajpcglclefindmkaj/https://documents-dds-ny.un.org/doc/UNDOC/GEN/N02/636/96/PDF/N0263696. pdf?OpenElement

ONU (2012). *Conferencia sobre Desarrollo Sostenible de las Naciones Unidas (UNCSD).* A/CONF.151/26, Vols. I, II y III. https://www.un.org/es/conferences/environment

ONU (2015). *La Agenda 2030 y la AMEXCID.* Agencia Mexicana de Cooperación Internacional para el Desarrollo. Gobierno de México. https://www.gob.mx/amexcid/acciones-y-programas/la-agenda-2030-y-la-amexcid

ONU (2019). *Informe de los Objetivos de Desarrollo Sostenible.* Ed. UNESCO. chrome-extension://efaidnbmnnnibpcajpcglclefindmkaj/https://unstats.un.org/sdgs/report/2019/The-Sustainable-Development-Goals-Report-2019_Spanish.pdf

Saiz-Linares, Á. (2023). La práctica reflexiva en el prácticum de los grados de educación. Revisión de la literatura. *Revista Colombiana de Educación, 88,* 161-184. https://doi.org/10.17227/rce.num88-13488

Sarceda-Gorgoso, M.C. & Rodicio-García, M.L. (2018). *Revista Complutense de Educación, 29*(1), 147-16

Sebastiá, R. et al. (2022). Los Objetivos de Desarrollo Sostenible en el currículo escolar según la experiencia del alumnado en el Prácticum II de Magisterio. *Didáctica de las Ciencias Experimentales y Sociales, 43,* 91-106. https://doi.org/10.7203/DCES.43.25305

Sharma, P. & Choudhury, M. (2023). Business school interns' intention to join: studying culture, work engagement and leader-member exchange in virtual internship. *Higher Education, Skills and Work-Based Learning, 13*(2), 371-386. https://doi.org/10.1108/HESWBL-03-2022-0075

Setiya Rini, E.F. & Aldila, F.T. (2023). Practicum Activity: Analysis of Science Process Skills and Students' CriticalThinking Skills. *Integrated Science Education Journal, 4*(2). 2716-3725.

UNESCO (2015). *Replantear la Educación. ¿Hacia un bien común mundial?* Ediciones UNESCO. https://unesdoc.unesco.org/ark:/48223/pf0000232697

UNESCO (2017). *Educación para los Objetivos de Desarrollo Sostenible. Objetivos de aprendizaje.* Organización de las Naciones Unidas para la Educación, la Ciencia y la Cultura. Sector de Educación. https://unesdoc.unesco.org/ark:/48223/pf0000252423

Ull, M.A., Martínez-Agut, M.P, Piñero, A. y Aznar P. (2010). Análisis de la introducción de la sostenibilidad en la enseñanza superior en Europa: compromisos institucionales y propuestas curriculares. *Revista Eureka sobre Enseñanza y Divulgación de las Ciencias,* Número extraordinario, 413-432.

UsßtuK, Ö. & Yazan (2023). Tensions in an Identity-Oriented Language Teaching Practicum: ADialogic Approach. TESOL *Quarterly, 58*(1), 363-393.

Weinert, F.E. (2001). Concept of Competence: A Conceptual Clarification. In D.S. Rychen, & L.H. Salganik (Eds.), *Defining and Selecting Key Competencies* (pp. 45-65). Hogrefe and Huber Publishers.

Wola, B.R., Rungkat, J.A., Donad, G.R. (2023). *Jurnal Inovasi Pendidikan IPA, 9*(1), 50-61. http://dx.doi.org/10.21831/jipi.v9i1.52974

Zabalza, M.Á. (2003). *Competencias docentes del profesorado universitario. Calidad y desarrollo profesional.* Narcea.

Zabalza, M.Á. (2006). *El Prácticum en la carrera de Pedagogía,* Jornadas sobre el futuro grado de Pedagogía, Barcelona, 2 y 3 de junio.

Agradecimientos: Nuestro más sincero agradecimiento al alumnado que cursaba alguno de los cuatro que se imparten en la Facultad de Ciencias de la Educación de la Universidad de A Coruña, durante el curso académico 2022-23, por su colaboración a la hora de cumplimentar el cuestionario al finalizar su período de prácticas.

5

Cómo trabajar los Objetivos de Desarrollo Sostenible en la formación previa del Prácticum del Grado en Educación Primaria

María-Luisa Moreno-Gutiérrez
María-José Ramos-Estévez

1. Introducción

> *La Educación para el desarrollo sostenible*
> *va a proporcionar "las bases para una aprendizaje efectivo y eficaz*
> *que permita abordar los grandes retos del planeta".*
> González y Vivar (2022, p. 54)

En el Centro de Estudios Universitarios "Cardenal Spínola" CEU, dentro del marco de la formación del profesorado e innovación docente que se promueve desde la Subdirección de Investigación e Innovación, se impulsa, en el curso 2019-2020, el proyecto "Desarrollo de la Competencia Digital Docente en la formación de maestros: un proyecto interdisciplinar en torno a los Objetivos de Desarrollo Sostenible 2030". Una propuesta que une los recursos digitales como medio para la innovación, la idea del profesorado como agentes de cambio educativo y social, y los ODS y la Agenda 2030 como punto de referencia y enlace de ambos. En este proyecto se involucran docentes de distintas materias pertenecientes a los Grados en Educación Infantil, Educación Primaria, Derecho, y del Máster

Universitario en Profesorado de Enseñanza Secundaria Obligatoria y Bachillerato, Formación Profesional y Enseñanza de Idiomas (MAES). Este capítulo se centrará exclusivamente en el Grado Universitario en Educación Primaria.

Esta iniciativa tiene como *objetivos* para Educación Primaria:

- Diseñar actividades de apoyo al aprendizaje de carácter innovador y/o que fomenten el uso de las tecnologías de la información y la comunicación como instrumentos de apoyo a la enseñanza.
- Crear y/o consolidar grupos o redes interdisciplinares que aborden cuestiones relacionadas con el uso de metodologías docentes innovadoras.
- Favorecer los elementos de transversalidad entre las diferentes asignaturas del Plan de Estudios de cada titulación.
- Promover una enseñanza en la que los participantes desarrollen su propia creatividad al aplicar experiencias y conocimientos profesionales de nuevas maneras y orientados hacia metas de valor social (ODS).
- Profundizar sobre las metodologías docentes orientadas a proyectos y pensamiento de diseño en el aula.
- Desarrollar la Competencia Digital Docente en su nivel B2 según el MRCDD (2017 y actualizado en 2022).

La experiencia que se presenta tiene sus inicios en dicho proyecto, se concreta en el módulo de Prácticas de Externas del Grado en Educación Primaria, por su carácter de formación transversal e integrador. Su desarrollo se da en la fase de formación previa de la asignatura del tercer curso o nivel, con profesores de distintas disciplinas. Si bien, en el transcurrir de los cursos académicos, sus temáticas se han ido modificando y su proceso adecuando a las distintas normas legislativas que tanto a nivel estatal como en la Comunidad Autónoma de Andalucía se han ido promulgando (Ley Orgánica de Mejora de la Educación (LOMCE), Ley Orgánica de Mejora de la ley Orgánica de Educación (LOMLOE), Ley de Educación de Andalucía (LEA), los Reales Decretos, los Decretos, las órdenes y distintas Instrucciones que vienen a desarrollarlas.

2. Marco teórico

2.1. Los Objetivos de Desarrollo Sostenible (ODS)

Fue en 2015 cuando la Asamblea General de las Naciones Unidas aprobó la Agenda 2030 y con ella los 17 Objetivos de Desarrollo Sostenible (ODS) y sus 169 metas. Los valores que con ella se promueven buscan formar a los ciudadanos en tres ámbitos fundamentales: social, económico y ambiental como vía para el desarrollo de un mundo más sostenible ante la crisis global a la que la humanidad se enfrenta.

En este proceso de formación, los docentes juegan un papel esencial por ser motor de cambio clave y agente transformador en toda causa social (Comisión Europea, 2021). De ahí que sea primordial la formación del profesorado (tanto inicial como continua) en la educación para el desarrollo sostenible (EDS) de la mano de las metodologías activas, como defienden Bugallo-Rodríguez y Vega-Marcote, 2020; Crisol-Moya et al., 2020; Roysen y Cruz, 2020; o Fernández-Terol y Domingo, 2021, entre otros. Pues, la EDS es una herramienta que ayuda al docente a que sus alumnos tomen conciencia de los problemas medioambientales que acusa el planeta como una realidad percibida en los distintos ámbitos sociales (tanto en casa como en el colegio).

2.2. Metodologías activas

Como apuntan numerosos autores (Calvo y Mingorance, 2009; Montanero, 2019; Jiménez Hernández, González y Tornel, 2019, 2020), el proceso de adquisición de las competencias es más fácil cuando se emplean las metodologías activas. Ello es debido a que los estudiantes participan en su propio proceso de aprendizaje, un proceso que se transforma en constructivo dejando atrás el planteamiento receptivo.

Este es el sentir que se busca en la formación inicial del profesorado, de forma que el futuro docente tome parte en su proceso de aprendizaje y reflexione sobre cómo aprende, siendo agente activo en aquellas experiencias que desde la universidad se le plantean para su desarrollo profesional y personal (Barba-Martín y Hortigüela-Alcalá, 2022 y Hernández-Barco, Sánchez-Martín y Corbacho-Cuello, 2021). Se pretende que el estudiante adquiera un doble rol: el de "alumno" y el de "docente", ya que como indica Vergara (2016) es imposible aprender sin emprender.

De entre las múltiples y variadas metodologías emergentes que se emplean en las aulas, el Aprendizaje Basado en Proyectos (ABP) es la más empleada en el trabajo que se presenta. No es la intención de este capítulo entrar a profundizar en los aspectos teóricos de la misma; de ahí que solo se perfilan sus líneas generales.

El ABP es un método que se centra en una secuencia de actividades, ya sean en grupo o individuales, que los estudiantes han de diseñar, planificar y crear en torno a un tema o interrogante. Esto se realiza asumiendo el rol de profesores y pensando en el alumnado de primaria. Normalmente en sus programaciones lo combinan con el aprendizaje cooperativo. Como apunta Montanero (2019), el ABP ofrece beneficios como: la motivación por aprender; la mejora del trabajo en equipo; la contextualización del aprendizaje; la promoción de un cambio conceptual del pensamiento crítico y las habilidades de autorregulación; así como la resolución o profundización sobre un tema.

Para ello, el estudiante ha de investigar sobre el tema, seleccionar la información esencial, elegir el hilo conductor que guíe el proyecto y diseñar la secuencia didáctica que lleve a la consecución del producto final.

3. Desarrollo de la experiencia

Esta experiencia que se presenta a continuación se viene desarrollando desde el curso 2019-2020. En aquella ocasión, el profesorado que conforma el equipo docente que se ocupó de la fase de formación previa de la materia Prácticas docentes I, del Grado en Educación Primaria, consideró la necesidad de que los futuros docentes trabajasen de forma interdisciplinar y profundizaran en la metodología ABP, sin perjuicio de otras metodologías emergentes que perfectamente podían tener cabida en el desarrollo de un proyecto.

3.1. Los participantes

Al tener la experiencia una continuidad en el tiempo, un quinquenio, se presenta, en la Tabla 5. 1 la relación de estudiantes que han participado en cada curso académico.

TABLA 5.1. HISTÓRICO DE LA PARTICIPACIÓN EN LOS PROYECTOS		
CURSO	Nº DE ALUMNOS	GRUPOS (4-6 COMPONENTES)
2019-2020	72	14
2020-2021	60	12
2021-2022	85	17
2022-2023	61	12
2023-2024	130	26

El proyecto se realiza en grupo (aspecto que también se recoge en la Tabla 5.1). El número de integrantes de los grupos, como se puede observar, varía de un curso a otro ya que este se establece atendiendo al número de alumnos del grupo clase. No obstante, este siempre oscila entre 4 y 6, buscando simular un equipo de coordinación pedagógica de un centro educativo de dos o tres líneas. Los grupos los crean los estudiantes, aunque los profesores les comentan que es oportuno que sean grupos heterogéneos, ya que, en un futuro, tendrán que trabajar con docentes a los que no conocen o que tienen una visión de la enseñanza muy distinta a la suya. Ellos consideran que es mejor trabajar con los compañeros con los que tienen buena sintonía, imponiéndose el buen clima de trabajo en el grupo en previsión de obtener una buena calificación como resultado del proyecto realizado.

Son siete los profesores que conforman el equipo docente de la formación previa del Prácticum, caracterizándose por ser un grupo interdisciplinar. De ellos, cuatro pertenecen a las didácticas específicas de las áreas departamentales de Matemáticas, Filología, Ciencias Sociales y Ciencias Experimentales, una pertenece al área departamental de Psicología y dos a la de Pedagogía. Estos profesores también se constituyen como un equipo de coordinación pedagógica que trabaja antes, durante y después del desarrollo del proyecto.

3.2. La temporalización

Las Prácticas Externas de los Grados de Educación, en el Centro de Estudios Universitarios "Cardenal Spínola" CEU (adscrito a la Universidad de Sevilla), consta de 44 créditos y se lleva a cabo en los dos últimos cursos del Grado. Su estructura es la misma en ambos cursos y consta de tres fases: formación previa, estancias en los centros educativos y evaluación.

La Memoria Verifica del Grado de Educación Primaria (2009-2010), por la que se rige este centro universitario, establece que se deben dedicar varios créditos a la fase de formación previa, aunque no especifica cuántos. En este caso, según el calendario universitario y conforme al inicio de las prácticas establecido por la Delegación Territorial de desarrollo Educativo de la Junta de Andalucía, esta fase viene a extenderse durante unas seis semanas al inicio del primer cuatrimestre.

En el primer día de clase, las tutoras académicas de las Prácticas Docentes I presentan la asignatura de forma conjunta a todos los grupos del tercer curso del Grado en Educación Primaria. Una vez introducida la asignatura, y si la organización del centro lo permite, todos los profesores de esta fase explican el sentido interdisciplinar del proyecto ante todos los alumnos y cómo se desarrollará el taller que cada uno de ellos imparte. De no ser posible, las tutoras presentan el proyecto y después cada profesor en su horario explica su taller y cómo este contribuye al desarrollo del trabajo que han de realizar.

3.3. Procedimiento

Una vez informado a los alumnos sobre el trabajo que deben realizar durante las semanas previas a la estancia en los colegios, los estudiantes se organizan en grupos (entre 4 y 6 personas) y eligen qué trabajarán en su proyecto.

Las temáticas de trabajo han ido cambiando año tras año ("La tienda", "La Cartuja", "Los ODS", "Veinte mil leguas de viaje submarino," "¡Qué burradas!"). Es importante señalar que, aunque en los primeros años se optó por proporcionar a los alumnos la temática, en el curso 2021-22 se planteó los ODS como temática genérica o hilo conductor donde el grupo elegía el Objetivo de Desarrollo Sostenible a trabajar. La diversidad de opciones y su complejidad llevó al profesorado a replantear el proceso y volver a proponer un hilo conductor que en los últimos años ha estado guiado por una obra literaria que permite un nuevo enfoque desde donde trabajar los ODS y cómo abordarlo desde un planteamiento de centro.

A continuación, en la Tabla 5. 2, se muestran los ODS que más se han trabajado en este quinquenio.

TABLA 5.2. ODS MÁS TRABAJADOS		
ODS		FRECUENCIA
Objetivo 2	Hambre cero	4
Objetivo 6	Agua limpia y saneamiento	10
Objetivo 9	Industria, innovación e infraestructuras	2
Objetivo 11	Ciudades y comunidades sostenibles	3
Objetivo 12	Producción y Consumo Responsable	10
Objetivo 13	Acción por el clima	10
Objetivo 14	Vida submarina	10
Objetivo 15	Vida de ecosistema terrestre	30
Objetivo 16	Paz, justicia e instituciones sólidas	30

Los más elegidos por los grupos fueron los objetivos 6, 12, 13, 14 (que fueron escogidos 10 veces), 15 y 16 (seleccionados en 30 ocasiones), respondiendo tanto al año en que los alumnos elegían el ODS como el hilo conductor que plantean los profesores. Independientemente del tema a abordar en cada curso académico, todos siguen las mismas fases: elección de tema, producto o problema a resolver, formulación de objetivos, indagación sobre el tema, selección de la metodología, diseño de actividades, secuencia didáctica, selección y creación de recursos , evaluación, presentación y reflexión conjunta.

4. Resultados

De entre todos los trabajos presentados por los alumnos en los tres últimos cursos académicos, se han seleccionado los trabajos más representativos de la experiencia. De ellos, se opta por mostrar cuatro por ser los que mejor ilustran, con evidencias claras, las producciones realizadas. Se ha de indicar que, a lo largo de estos años, la normativa legal que regula, tanto el sistema educativo español y de cada Comunidad Autónoma como la del currículo, ha ido cambiando. De ahí, que se haya incluido la base legal en cada ejemplo, pues esta ha implicado una forma distinta de programar.

4.1. ¿Me ayudas a salvar el planeta?

En el curso académico 2021-2022, se trabaja con las ODS como temática general. Cada grupo elige un objetivo y diseñará una Unidad Didáctica Integrada (UDI) que desarrollará siguiendo las pautas propias de las metodologías activas y según lo establecido por la Instrucción 8/2020 para el curso académico 2020-2021.

Título de la UDI: "¿ME AYUDAS A SALVAR EL PLANETA?"	
Componentes del grupo universitario: 6 personas	**Nivel al que va dirigido:** 4° Educación Primaria
Base legislativa Instrucción 8/2020, de 15 de junio, de la Dirección General de Ordenación y Evaluación Educativa, por la que se establecen aspectos de organización y funcionamiento para los centros que imparten Educación Primaria para el curso 2020-21.	
ODS: *Objetivo 13: Acción por el clima.*	
Áreas: Matemáticas, Lengua Castellana y Literatura, Ciencias Naturales y Ciencias Sociales.	
Producto Final: Lapbook y representación teatral Cada grupo crea un lapboo que tendrá que estar relacionado con la causa que se le haya asignado. En él los alumnos plasmarán una explicación global y breve de la causa, además de producir y desarrollar las soluciones que la sociedad, tanto jóvenes como adultos, pueden llevar a cabo para poner fin a lo que tanto daño está haciendo a nuestro planeta. Posteriormente, tendrán que ejecutar una representación teatral en la que todos los miembros del grupo deberán participar. En dicha representación, los alumnos tendrán que explicar de manera teatral tanto las causas como las soluciones que han trabajado. Del mismo modo, la representación debe de estar coordinada con el lapbook que han realizado anteriormente. La representación se hará de una manera innovadora y creativa.	

→

→

Objetivos:
- Obtener y contrastar información de diferentes fuentes.
- Realizar un análisis asociativo sobre las principales causas del cambio climático para actuar y poder salvar el clima.
- Aprender a solucionar problemas de forma consensuada y comprender lo que ocurre en su entorno.
- Asumir roles distintos en los grupos de trabajo.
- Crear un Lapbook con cada una de las causas del cambio climático (p.ej. consumo de energía).
- Elaborar un listado normas o acciones que ayuden a reducir el consumo de energía en casa.
- Escenificar las propuestas planteadas para reducir el consumo de energía en el hogar.

Metodología: Trabajo Cooperativo con el uso de técnicas como "Lápices al centro"*. Los grupos estarán compuestos por cinco miembros, los cuales desempeñarán un rol distinto (coordinador, supervisor, secretario, portador y motivador).

---

* *Nota:* "Lápices al centro" es una dinámica de aprendizaje cooperativo, formulado por los hermanos Johnson (1999). El docente realiza una propuesta, por ejemplo, un problema, y dice en voz alta: " lápices al centro". En ese momento todo el alumnado deja los lápices en el centro de la mesa y comienzan a debatir, unos cinco minutos, sobre cómo debe resolverse el problema. Todos los miembros del grupo explican en voz alta cómo lo harían, se aseguran de que todos los compañeros aportan información y comprueban que todos saben y entienden la respuesta consensuada y su porqué. Transcurrido este tiempo, en el que solo hablan -no escriben-, cada alumno coge el lápiz y escribe en su cuaderno la solución, ha de ser individualmente. Si por algún motivo, algún alumno tiene dudas, se vuelve a decir " lápices al centro" repitiéndose todo el proceso de nuevo.

4.2. "Sobre el Mar"

En el curso académico 2022-23, se publican nuevas instrucciones, en la Comunidad Autónoma de Andalucía, con cambios diversos entre otros en la planificación didáctica, pasando del diseño de las UDI a las Situaciones de Aprendizaje (en adelante SdA).

Se introduce el tema o hilo conductor de la obra de Julio Verne: *20.000 leguas de viaje submarino*. Cada grupo elige un par de capítulos que servirán de base para el desarrollo de la SdA y del trabajo de los ODS. En esta ocasión, se ejemplifican dos situaciones de aprendizaje diferentes tituladas: "El mar es vida" (Tabla 5.3) y "¿Se puede beber el agua del mar?" (Tabla 5.4).

TABLA 5.3. SITUACIÓN DE APRENDIZAJE ***"EL MAR ES VIDA"***	
Título de la Situación de Aprendizaje: *"EL MAR ES VIDA"*	
Componentes del grupo universitario: 4 personas	**Nivel al que va dirigido:** 3º Educación Primaria
Base legislativa Instrucción 12/2022, de 23 de junio, de la Dirección General de Ordenación y Evaluación Educativa, por la que se establecen aspectos de organización y funcionamiento para los centros que impartan educación primaria para el curso 2022/2023.	
ODS: • *Objetivo 2:* **Hambre cero.** • *Objetivo 6:* **Agua limpia y saneamiento.** • *Objetivo 9:* **Industria, innovación e infraestructuras.** • *Objetivo 14:* **Vida submarina.**	
Áreas: Conocimiento del Medio Natural, Social y Cultural.	
Producto final: La foca interactiva: Los alumnos deberán profundizar acerca de la contaminación submarina a través de una adaptación del tradicional juego de mesa de "La oca": "La foca interactiva". El tablero tiene 44 casillas organizadas en 5 categorías en las que los alumnos deberán realizar lo que se le indica la tarjeta de la categoría correspondientes:	

→

→

— *Mímica*: al caer en esta casilla el grupo se dividirá en dos partes. Uno de los componentes del grupo cogerá una tarjeta de mímica (morado) y deberá representar con gestos aquello que haya escrito en la tarjeta mientras que sus compañeros del grupo deben adivinar qué está tratando de representar. Para esto el grupo dispondrá de dos minutos.

— *Dibujo*: al caer en esta casilla el grupo se dividirá en dos partes. Uno de los componentes del grupo cogerá una tarjeta de dibujo (naranja) y deberá dibujar aquello que le toque. Sus compañeros deben adivinar de qué se trata. Para adivinarlo tienen un minuto que empezará cuando el miembro que dibuje empiece a hacerlo.

— *Información*: al caer en esta casilla se leerá la información que aparece, información relacionada con la contaminación marina. Uno de los miembros del grupo será el encargado de leer esto a los demás.

— *Test*: al caer en esta casilla un miembro del grupo debe leer la pregunta que se plantea y el resto de los componentes tendrán 30 segundos para seleccionar en la opción que ellos crean que es la correcta.

— *¡Actúa!*: en este tipo de casillas se le propone al grupo pensar una idea para mejorar nuestras acciones como grupo clase, como alumnos de 3° de Educación Primaria, acciones reales que podamos llevar a cabo y que aporten algo al medioambiente.

Objetivos:

• Indagar y profundizar sobre la contaminación submarina.

• Identificar las causas y consecuencias de la intervención humana, desde distintos puntos de vista.

• Proponer posibles soluciones al problema de la contaminación submarina.

• Construir, en equipo, el juego de la "Foca Interactiva" mediante un Genially:

o Tomar decisiones sobre las categorías a emplear

o Diseñar de las tarjetas y las preguntas de cada categoría

o Establecer las reglas del juego.

Metodología: ABP, metodología interactiva, activa, motivadora y cooperativa, rutinas de pensamiento*, aprendizaje activo, innovador y motivador.

→

→

Evidencias:

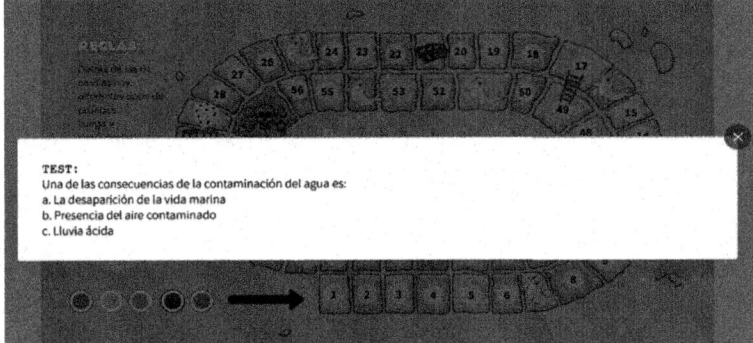

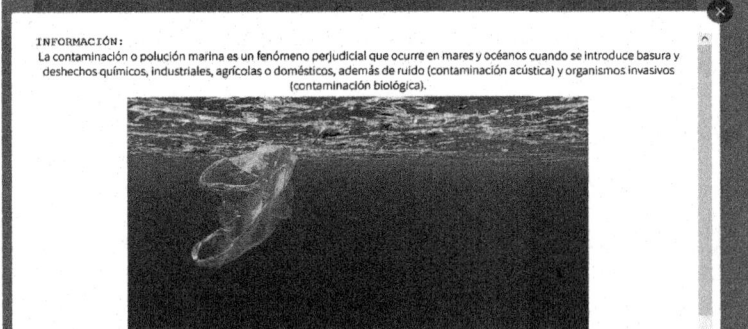

---

* Nota: Las "rutinas de pensamiento" son estrategias mentales que permiten organizar, reflexionar y profundizar sobre aquello que están aprendiendo. Se usan para fomentar la capacidad de pensar, preguntarse, investigar o relacionar ideas. Está dentro de una cultura del pensamiento que facilite estructuras mentales para enfrentar el conocimiento. Ejemplos de rutinas de pensamiento son: "Compara y contrasta", "El semáforo", "Antes pensaba… pero ahora pienso…", "Palabra-idea-frase", entre otras.

TABLA 5.4. SITUACIÓN DE APRENDIZAJE
"¿SE PUEDE BEBER EL AGUA DEL MAR?"

Título de la Situación de Aprendizaje:
"¿SE PUEDE BEBER EL AGUA DEL MAR?"

Componentes del grupo universitario:	**Nivel al que va dirigido:**
4 personas	3° Educación Primaria

Base legislativa

Instrucción 12/2022, de 23 de junio, de la Dirección General de Ordenación y Evaluación Educativa, por la que se establecen aspectos de organización y funcionamiento para los centros que impartan educación primaria para el curso 2022/2023.

ODS:

• Objetivo 6: **Agua limpia y saneamiento.**

Áreas: Conocimiento del Medio Natural, Social y Cultural.

Producto Final: Experimento: Potabilización del agua salada.

"Suponiendo que somos el capitán Nemo y el resto de los tripulantes, recorriendo las 20 mil leguas en el submarino, necesitaremos grandes cantidades de agua potable para sobrevivir. Teniendo en cuenta la capacidad del submarino, no podemos cargar tantos litros de agua para abastecer a toda la tripulación."

Por esto, tenemos que buscar la manera de conseguir agua potable a partir del agua del mar.

Objetivos:

• Emplear el método científico para buscar soluciones a cómo sobrevivir en el mar.

• Realizar un proceso de desalinización y potabilización de agua de mar.

• Cuidar el agua potable y tomar conciencia del coste económico y en tiempo del proceso de potabilización del agua.

• Valorar los aprendizajes adquiridos a partir de una escalera de metacognición, con la que poder sintetizar y analizar el aprendizaje y su proceso.

Metodología: ABP, el trabajo cooperativo a partir de la dinámica "1,2,4"*, metodología participativa y reflexiva.

Evidencias:

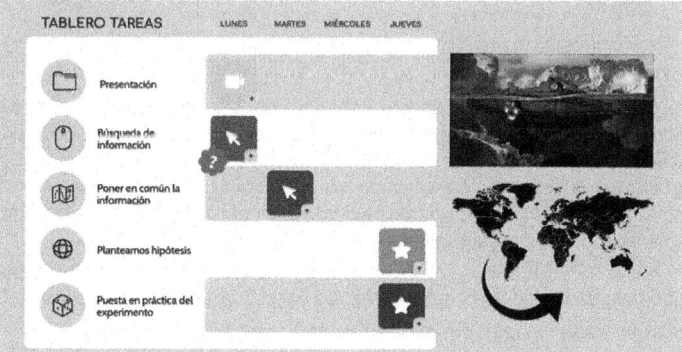

→

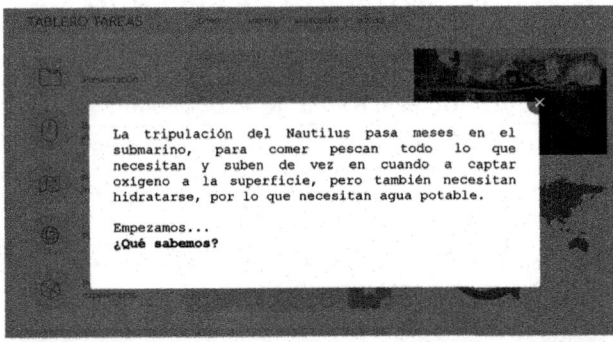

La tripulación del Nautilus pasa meses en el submarino, para comer pescan todo lo que necesitan y suben de vez en cuando a captar oxigeno a la superficie, pero también necesitan hidratarse, por lo que necesitan agua potable.

Empezamos...
¿Qué sabemos?

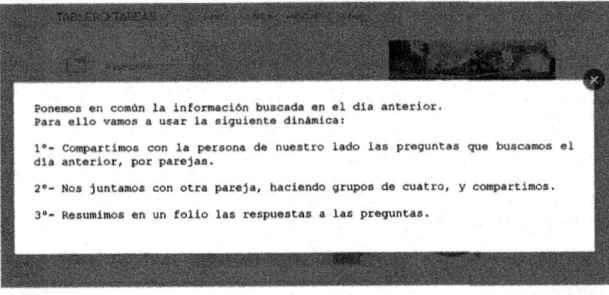

Ponemos en común la información buscada en el día anterior.
Para ello vamos a usar la siguiente dinámica:

1º- Compartimos con la persona de nuestro lado las preguntas que buscamos el día anterior, por parejas.

2º- Nos juntamos con otra pareja, haciendo grupos de cuatro, y compartimos.

3º- Resumimos en un folio las respuestas a las preguntas.

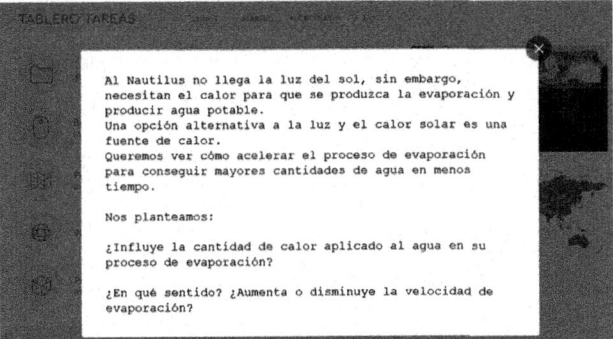

Al Nautilus no llega la luz del sol, sin embargo, necesitan el calor para que se produzca la evaporación y producir agua potable.
Una opción alternativa a la luz y el calor solar es una fuente de calor.
Queremos ver cómo acelerar el proceso de evaporación para conseguir mayores cantidades de agua en menos tiempo.

Nos planteamos:

¿Influye la cantidad de calor aplicado al agua en su proceso de evaporación?

¿En qué sentido? ¿Aumenta o disminuye la velocidad de evaporación?

El experimento:

Los alumnos deben realizar un experimento que consiste en poner dos vasos vacíos en el centro de dos cuencos y llenar los cuencos con 500 ml de agua de mar. A continuación, cubrir los cuencos con papel film y colocar dos piedras por encima de este en el centro. A cada uno de los cuencos se le aplica una fuente de calor. A un cuenco se le aplica un calor de una temperatura de unos 120° C, mientras que al otro se le aplica el calor de la luz solar, unos 30° C.

Se espera entre 15 y 20 minutos y se apagan las fuentes de calor. A continuación, se analizan las cantidades de agua que hay en los vasos... ¿qué se puede concluir?

Para acabar de hacer el agua potable, se le añaden un par de gotas de lejía potabilizadora.

→

Evaluación:

Para la evaluación se usará una "Escalera de Metacognición". Esta se puede realizar de una forma individual o en grupo, adaptándose a la edad del alumnado. Se trata de una escalera con cuatro peldaños. A través de las preguntas que se realizan, se pretende que el alumnado pueda pensar sobre como aprende. Así toma conciencia del aquello que se ha aprendió, del pensamiento que se está potenciando y de las estrategias empleadas, y de su posible transposición a otro momento. Por ejemplo,

- En el primer peldaño se puede preguntar: ¿Qué he aprendido?

- En el segundo peldaño se preguntaría: ¿Cómo lo he aprendió?

- En el tercer peldaño: ¿Para qué me ha servido?

- Y en el último peldaño: ¿En qué ocasiones puedo usarlo

Nota: La técnica "1-2-4" es una dinámica del aprendizaje cooperativo, donde primero el alumno de forma individual responde a una pregunta formulada por el docente, después se colocan de dos en dos en intercambian sus respuestas y las comentan, y finalmente, todo el grupo (cuatro componentes heterogéneos) comparte opiniones, intercambian ideas, llegando posteriormente a una respuesta conjunta, aquella que consideran la más apropiada.

4.3. "PLATERO Y SU OCA"

En el curso académico 2023-2024, en la Comunidad Autónoma de Andalucía se publica una nueva orden que viene a desarrollar la LOMLOE. Se afianza, así, la nueva forma de planificación y programación basada en Situaciones de Aprendizaje.

En este curso se plantea como tema o hilo conductor la obra de Juan Ramón Jiménez: *Platero y yo*, así como la inclusión de los ODS. El procedimiento a seguir, por parte de los distintos grupos, es el mismo del curso anterior: elección de varios capítulos de la obra que servirá de base para el desarrollo del trabajo (ver Tabla 5.5).

TABLA 5.5. SITUACIÓN DE APRENDIZAJE "PLATERO Y SU OCA"	
Título de la Situación de Aprendizaje: "PLATERO Y SU OCA"	
Componentes del grupo universitario: 5 personas	**Nivel al que va dirigido:** 3° Educación Primaria
Base legislativa Orden de 30 de mayo de 2023, por la que se desarrolla el currículo correspondiente a la etapa de Educación Primaria en la Comunidad Autónoma de Andalucía, se regulan determinados aspectos de la atención a la diversidad y a las diferencias individuales, se establece la ordenación de la evaluación del proceso de aprendizaje del alumnado y se determina el proceso de tránsito entre las diferentes etapas educativas.	

→

→

Áreas: Matemáticas, Lengua Castellana y Literatura, Ciencias Naturales y Ciencias Sociales.

ODS:
- Objetivo 15: **Vida de ecosistemas terrestres.**
- Objetivo 16: **Paz, justicia e instituciones sólidas.**

Producto Final: "La oca de Platero".

Creación del juego de mesa "La oca de Platero". Será una maqueta que contará con los personajes de la obra de Platero y Yo, en sus capítulos IX (Las Brevas) y en el capítulo X (¡Ángelus!)

La maqueta se basa en el típico juego de la Oca. En este caso, el juego constará de 18 casillas, incluidas las de Start y Fin. Para la decoración de la maqueta se tendrá en cuenta los escenarios que se reflejan en los capítulos indicados (por ejemplo, aparecerán adornándola elementos tales como las brevas, higueras o las rosas, entre otros).

Los alumnos en grupos crearán las pruebas del juego. Entre toda la clase seleccionarán las mejores preguntas, problemas, tarjetas y todos los recursos que se precisan para crear un juego de mesa. Este debe incluir las siguientes pruebas:

- "Rosco de Platero": los alumnos crearán un rosco similar al juego televisivo Pasapalabra con definiciones de las palabras de los capítulos IX y X del libro Platero y yo. Así, trabajarán el vocabulario de esta de situación de aprendizaje.
- Platero memory: los alumnos crearán en grupos las 24 tarjetas que conformarán el juego. Estas tarjetas contendrán imágenes del burro y sus parientes, y de sus características fisiológicas.
- El burro travieso y su aventura por la pradera: los alumnos, organizados en grupos, tendrán que crear y dar solución a un problema matemático. Entre todos elegirán uno para que sea la prueba matemática de la Oca de Platero.
- Mapa: Los alumnos deberán crear preguntas sobre acontecimientos del burro que hayan sucedido en distintas ubicaciones de Andalucía.

Objetivos:
- Obtener y contrastar información de diferentes fuentes.
- Realizar un análisis asociativo sobre las principales causas de la extinción de los animales.
- Identificar las causas y consecuencias de la intervención humana en la extinción de los animales.
- Aprender a solucionar problemas de forma consensuada y comprender lo que ocurre en su entorno.
- Construir el juego La oca de Platero.
  o Diseñar el rosco del juego Pasapalabra y crear las definiciones de cada letra
    - Repasar el orden del abecedario.
    - Crear las tarjetas mediante CANVA.
    - Formular y seleccionar las preguntas del juego.
  o Crear las tarjetas de la prueba Platero Memory.
  o Establecer las reglas del juego.

Metodología: Método ABP, aprendizaje cooperativo ("folio giratorio"*).

→

→

Evidencias:

Maquetas

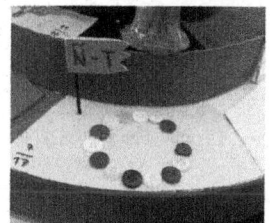

Pasapalabra

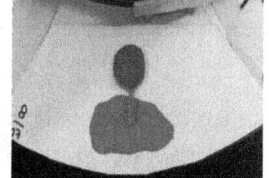

Resolución de un problema

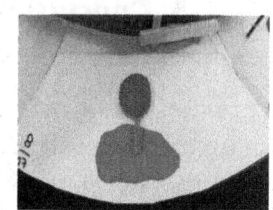

Preguntas

→

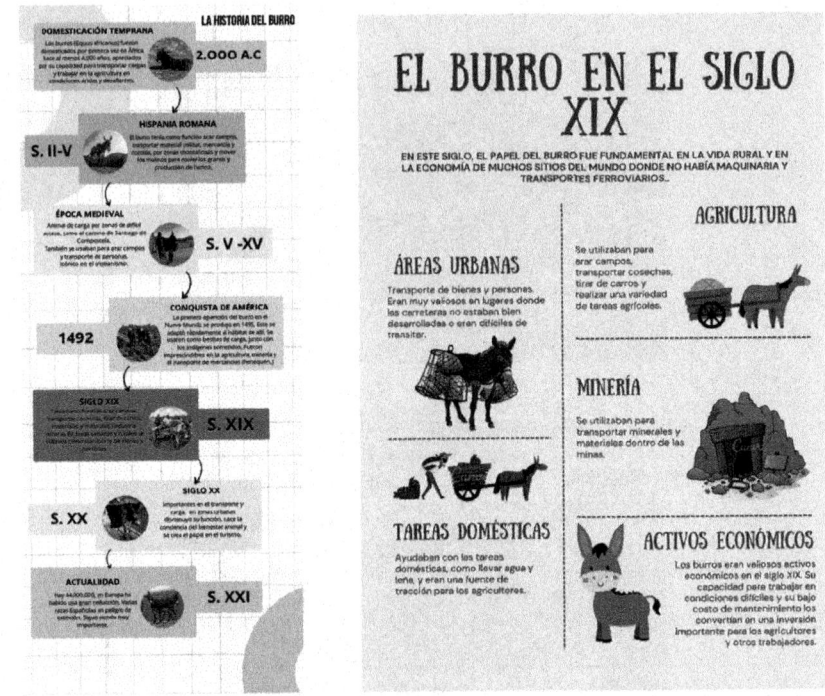

Línea del tiempo en la que se basan algunas preguntas

---

* *Nota:* "El folio giratorio" es una técnica de trabajo cooperativo cuyo objetivo es realizar una aportación escrita de cada componente de un equipo de trabajo sobre un planteamiento docente. Consiste en entregar un folio a cada grupo donde va a escribir un planteamiento o frase sobre el tema que el docente indique. El folio se coloca en el centro de la mesa y se irá girando, en el sentido de las agujas del reloj, para que cada miembro del equipo escriba su aportación o la parte de la tarea que tenga asignada. Antes de escribir, el alumno comentará a sus compañeros lo que piensa escribir con la idea de que confirmen si es correcto o pertinente. Mientras uno escribe, el resto está pendiente de si lo hace bien o es preciso corregirle, pues todo el equipo es responsable de lo que en él se ha escrito. Cada alumno del grupo puede usar un color diferente para ver sus aportaciones. Se podrá intercambiar el folio con otros grupos donde se anotarán nuevas ideas. Al final cada grupo recoge su folio y trata de construir una idea general sobre el planteamiento del docente.

5. Conclusiones

Es preciso poner de manifiesto que este proyecto tiene sus bases en los cuatro pilares de la educación (*aprender a conocer, aprender a hacer, aprender a vivir juntos* y *aprender a ser*) enunciados por Delors (1996), que hoy en día sigue vigente, tanto en la enseñanza básica como en la universitaria, pues son puntos clave para una educación de calidad.

Este es un proyecto que permite al futuro docente conectar todo lo aprendido en las materias cursadas en el Grado y aplicarlo de forma interdisciplinar, trabajando desde un planteamiento colaborativo que simula una situación real en los centros escolares, como es un equipo de coordinación pedagógica. El hecho de realizar el proyecto lleva, por tanto, a seguir aprendiendo (conocer y hacer, ser y estar) ya que ha de establecer las conexiones entre el conocimiento y el cómo este se aplica a una situación concreta. De ahí que el futuro maestro vivencie la práctica tanto desde la perspectiva de un docente (pues trabaja con maestros de su mismo nivel —que tienen una visión distinta de la enseñanza, una experiencia distinta, etc.— con los que ha de tomar decisiones para programar una situación de aprendizaje pensando en la formación y el desarrollo de sus alumnos) como la de un estudiante universitario; y ahí aprender juntos a vivir y a ser.

Esta experiencia ha permitido a los futuros docentes conocer los ODS, investigar sobre ellos y aplicarlos a una Unidad Didáctica Integrada (UDI) o Situación de Aprendizaje (SdA), según la normativa vigente en cada momento. A la vez, los ha llevado a tomar conciencia de la situación de crisis global que vive el planeta y en la necesidad de formar a los futuros ciudadanos para que lo cuiden y respeten. Están aprendiendo, como decía Joubert (2012) que "enseñar es aprender dos veces".

En esta experiencia, no solo es el futuro docente quien aprende, también lo vive el equipo de profesores que se encarga de la formación previa de las Prácticas Docentes I, ya que no es habitual ver trabajar, en la universidad, al profesorado constituido en equipos de coordinación pedagógica. Docentes de diversas disciplinas, con distinta formación —tanto en el ámbito del conocimiento como en didáctica o en la didáctica del conocimiento—, distintas formas de entender la educación y la enseñanza, distintas experiencias docentes y formativas, distintas formas de pensar..., que se unen para tomar decisiones y reflexionar en pro de la formación de sus alumnos.

En resumen, "*Aprendemos todos*". Aprendemos todos de todos generando nuevas sinergias entre el profesorado-profesorado, alumnado-profesorado y alumnado-alumnado. Todas las situaciones de aprendizaje que hemos descrito facilitan las interacciones generando un clima adecuado para el aprendizaje, así como la creación de nuevas conexiones de aprendizaje.

¿Qué se aprende?

A lo largo del capítulo se ha podido observar que tanto el profesorado como el alumnado aprende observando a los otros; aprende haciendo, vivenciando, colaborando, compartiendo o creando, entre otras acciones. No obstante, es oportuno esbozar algunos de los aprendizajes alcanzados.

Por un lado, el profesorado experimenta el hecho de salir de su disciplina y conectarla con otras, lo que implica un aprendizaje interdisciplinar usando metodologías activas. También se ejercita en la coordinación con otros compañeros de otras áreas y en el consenso a la hora de tomar decisiones en pro de una meta en común y del aprendizaje de los alumnos. Otro aspecto que destacar es la mediación, donde tanto el profesor como el futuro docente toma conciencia de la dificultad que entraña el trabajo en grupo, pues no siempre en fácil y en ocasiones genera desavenencias.

Por otro lado, el futuro docente en su rol como estudiante aprende a trabajar en un equipo heterogéneo y llega a comprender que cada cual tiene su estilo de aprendizaje y su personalidad. En este proceso, el profesorado que trabaja en equipo de coordinación pedagógica sirve de ejemplo a los alumnos.

En todo este proceso, el alumnado desarrolla valores que tendrán que poner en juego con su desarrollo profesional como la tolerancia, la solidaridad, el compromiso con el grupo o la empatía, entre otros. Del mismo modo, progresa en habilidades como la comunicación y el diálogo, la colaboración, el pensamiento crítico, el pensamiento creativo, la originalidad…; cada uno aporta lo que tiene, lo que sabe y lo que es, llegando a desarrollar nuevas habilidades tras su descubrimiento en el grupo. Poco a poco, se va produciendo un cambio de mentalidad que viene a facilitar el abandono del individualismo docente.

Durante todo el proceso se facilita el "saber convivir", "saber hacer" y "saber ser", pilares fundamentales de la educación (Delors, 1986). Ello supone un desafío, cada año, para profesores y futuros docentes, donde el trabajo que se desempeña *es una pequeña aportación que siembra en otros*.

Referencias bibliográficas

Barba-Martín, R.A. y Hortigüela-Alcalá, D. (2022). Presentación. Mecanismos, instrumentos y prácticas para fomentar la participación del alumnado en su propia evaluación. *Revista Iberoamericana de Evaluación Educativa, 15*(1), pp. 7-8. https://doi.org/10.15366/riee2022.15.1 2022.

Bugallo-Rodríguez, A. y Vega-Marcote, P. (2020). Circular economy, sustainability and teacher training in a higher education institution. *International Journal of Sustainability in Higher Education, 21*(7), 1351-1366. https://doi.org/10.1108/IJSHE-02-2020-0049.

Calvo, C. y Mingorance, A.C. (2009). La estrategia de las universidades frente al Espacio Europeo de la Educación Superior. *Revista Complutense de Educación, 20*(2), 319-342. https://acortar.link/kIV1n9

Crisol-Moya E., Romero-López, M.A. y Caurcel-Cara, M.J. (2020). Active methodologies in higher education: Perception and opinion as evaluated by professors and their students in the teaching-Learning process. *Frontiers Psychology, 11*, art. 1703. https://doi.org/10.3389/fpsyg.2020.01703.

Decreto 97/2015, de 3 de marzo, por el que se establece la ordenación y el currículo de la Educación Primaria en la Comunidad Autónoma de Andalucía. *Boletín Oficial de la Junta de Andalucía* núm. 50, de 13 de marzo de 2015.

Decreto 181/2020, de 10 de noviembre, por el que se modifica el Decreto 97/2015 de 3 de marzo, por el que se establece la ordenación y el currículo de la Educación Primaria en la Comunidad Autónoma de Andalucía. *Boletín Oficial de la Junta de Andalucía* núm.221, de 16 de diciembre de 2020.

Decreto 101/2023, de 9 de mayo, por el que se establece la ordenación y el currículo de la etapa de Educación Primaria en la Comunidad Autónoma de Andalucía. *Boletín Oficial de la Junta de Andalucía* núm. 90, de 15 de mayo de 2023.

Delors, J. (1996). *La educación encierra un tesoro, informe de la UNESCO de la comisión Internacional sobre la Educación para el Siglo XXI.* ED.96/WS/9. UNESCO. https://unesdoc.unesco.org/ark:/48223/pf0000109590 spa.

Fernández-Terol, L. y Domingo, J. (2021). Percepción docente sobre la transición del aula tradicional al aprendizaje por proyectos para involucrar al estudiante. *REICE. Revista Iberoamericana sobre Calidad, Eficacia y Cambio en Educación, 19*(4), 181-196. https://doi.org/10.15366/reice2021.19.4.011

González Bravo, M.I., y Vivar Quintana, A.M. (2022). Actores y acciones de la EDS dirigida a los ODS. En C. López Esteban (Eds.), *Los ODS. Avanzando hacia una educación sostenible.* Ediciones Universidad de Salamanca.

Hernández-Barco, M., Sánchez-Martín, J. y Corbacho-Cuello, I. (2021). Emotional performance of a low-cost eco-friendly project based learning methodology for science education: An approach in prospective teachers. Sustainability, 13(6), 1-19. https://doi.org/10.3390/su13063385

INTEF (2017). *Marco Común de Competencia Digital Docente* - enero 2017. https://acortar.link/iK714X

INTEF (2022). *Marco de Referencia de la Competencia Digital Docente* - enero 2022. https://intef.es/wp-content/uploads/2022/03/MRCDD_V06B_GTTA.pdf

Instrucción 8/2020, de 15 de junio de la Dirección General de Ordenación y Evaluación Educativa por la que se establecen aspectos de ordenación y funcionamiento para los centros que imparten Educación Primaria para el curso 20-21. https://acortar.link/idgiwp

Instrucción 12/2022, de 23 de junio, de la Dirección General de Ordenación y Evaluación Educativa, por la que se establecen aspectos de organización y funcionamiento para los centros que impartan Educación Primaria para el curso 2022/2023. https://acortar.link/EfMxyg

Jiménez Hernández, D, González Ortiz, J.J. y Tornel Abellán, M. (2020). Metodologías activas en la universidad y su relación con los enfoques de enseñanza. *Revista Profesorado, 24*(1), 76-94. http://hdl.handle.net/10481/60686

Johnson, D.W., Johnson, R.T. y Holubec, E.J. (1999). *El aprendizaje cooperativo en el aula.* Paidós.

Joubert, J. (2012). *Recueil des pensées de M. Joubert* (Éd.1838). Hachette Livre BNF.

Ley Orgánica 2/2006, de 3 de mayo, de Educación. *Boletín Oficial del Estado* núm.106, de 4 de mayo de 2006.

Ley Orgánica 8/2013, de 9 de diciembre, para la mejora de la calidad educativa. *Boletín Oficial del Estado* núm. 295, de 10 de diciembre de 2013.

Ley Orgánica 3/2020, de 29 de diciembre, por la que se modifica la Ley Orgánica 2/2006, de 3 de mayo, de Educación. *Boletín Oficial del Estado* núm. 340, de 30 de diciembre de 2020.

Ley 17/2007, de 10 de diciembre, de Educación de Andalucía. *Boletín Oficial de la Junta de Andalucía* núm. 252, de 26 de diciembre de 2007.

Memoria de Verificación (2009-2010) del Grado de Educación Primaria, Facultad de Educación. Universidad de Sevilla, https://alojawebapps.us.es/fichape/Doc/MV/195_memverif.pdf

Montanero Fernández, M. (2019). Métodos pedagógicos emergentes para un nuevo siglo ¿Qué hay realmente de innovación? Teoría de la Educación. *Revista Interuniversitaria, 31*(1), 5-34. https://doi.org/10.14201/teri.19758

Orden de 15 de enero de 2021, por la que se desarrolla el currículo correspondiente a la etapa de Educación Primaria en la Comunidad Autónoma de Andalucía, se regulan determinados aspectos de la atención a la diversidad, se establece la ordenación de la evaluación del proceso de aprendizaje del alumnado y se determina el proceso de tránsito entre distintas etapas educativas. *Boletín Oficial de la Junta de Andalucía*, núm. 7, extraordinario, de 18 de enero de 2021.

Orden de 30 de mayo de 2023, por la que se desarrolla el currículo correspondiente a la etapa de Educación Primaria en la Comunidad Autónoma de Andalucía, se regulan determinados aspectos de la atención a la diversidad y a las diferencias individuales, se establece la ordenación de la evaluación del proceso de aprendizaje del alumnado y se determina el proceso de tránsito entre las diferentes etapas educativas. *Boletín Oficial de la Junta de Andalucía*, núm. 104, de 2 de julio de 2023.

Real Decreto 157/2022, de 1 de marzo, por el que se establecen la ordenación y las enseñanzas mínimas de la Educación Primaria Boletín Oficial del Estado, núm. 52, de 2 de marzo de 2022.

Roysen, R. y Cruz, T.C. (2020). Educating for transitions: Ecovillages as transdisciplinary sustainability "classrooms". *International Journal of Sustainability in Higher Education*, 21(5), 977-992. https://doi.org/10.1108/IJSHE-01-2020-0

UNESCO (2005). *Decenio de las Naciones Unidas de la Educación para el Desarrollo Sostenible, 2005-2014: el Decenio en pocas palabras.* https://unesdoc.unesco.org/arK:/48223/pf000141619_spa

UNESCO (2015). Educación 2030: Declaración de Incheon y Marco de Acción para la realización del Objetivo de Desarrollo Sostenible 4: Garantizar una educación inclusiva y equitativa de calidad y promover oportunidades de aprendizaje permanente para todos. https://unesdoc.unesco.org/arK:/48223/pf000245656_spa.

Vergara, J.J. (2016). *Aprendo porque quiero. El aprendizaje basado en proyectos, paso a paso.* SM.

Agradecimientos: Al alumnado, en particular a los grupos de las unidades de programación que ilustran este capítulo, y al profesorado que participó tanto en el proyecto inicial como en el módulo de Prácticas Externas, por todos los aprendizajes construidos de forma conjunta.

6

Promoviendo el pensamiento crítico y los Objetivos de Desarrollo Sostenible a través de la indagación en las Prácticas externas de Educación Infantil

María José Cano-Iglesias
Antonio Joaquín Franco-Mariscal

1. Introducción

A pesar de que los currículos actuales están orientados al desarrollo de competencias, algunos estudios coinciden en que el modelo educativo que se sigue aplicando es el de adquisición de conocimientos (López-Aymes, 2012). No cabe duda de que los conocimientos son importantes para el desarrollo del pensamiento, pero no garantizan el pensamiento crítico, una noción multifacética (Barnaby, 2016) y dinámica (Kuhn, 2019), que engloba distintas destrezas y disposiciones que deben ejercitarse desde edades tempranas (Facione et al., 1995).

La Agenda 2030, a través de 17 Objetivos de Desarrollo Sostenible (ODS), ofrece una oportunidad para que los diferentes países puedan mejorar el bienestar de sus habitantes (United Nations, 2015). Los ODS planteados son diversos, y van desde la reducción de la desigualdad y la erradicación de la pobreza hasta la acción climática, el acceso a energía limpia y la promoción de una educación de calidad, entre otros. Es crucial impulsar estos ODS desde todos los sectores, incluyendo el ámbito educativo (Calero et al., 2022). Por ello, la participación activa en los ODS como ciudadano constituye una oportunidad para promover el desarrollo del pensamiento crítico y reflexivo desde la escuela ya que supone, entre otras habilidades, tomar decisiones argumentadas (Blanco-López et al., 2017). En definitiva, el pensamiento crítico promovido a través de ODS ayuda a construir comunidades sostenibles (García et al., 2022).

Por otro lado, la Educación Infantil proporciona un entorno propicio para introducir y fomentar el pensamiento crítico en el aula a través de los ODS. Centrándonos en la enseñanza de las ciencias en esta etapa educativa, la salud y el bienestar (ODS 3) de los niños, y la producción y consumo responsables (ODS 12) que ellos hacen, son objetivos muy adecuados. De esta forma, se promueve una vida sana desde edades tempranas (ODS 3), y se fomenta la eficiencia en recursos, promoviendo estilos de vida sostenibles y contribuyendo a una economía verde con bajas emisiones en carbono (ODS 12). Estos ODS a su vez se relacionan con otros como acción por el clima (ODS 13) o ciudades y comunidades sostenibles (ODS 11).

El alumnado de educación infantil puede contribuir a estos ODS al identificar y preparar alimentos saludables o participar en la elaboración de sus propios materiales, como pinturas o jabón, mientras reflexionan sobre su uso y producción.

Una metodología adecuada para desarrollar el pensamiento crítico a través de ODS en estas edades es la indagación, ya que capacita al niño para formular preguntas sobre su entorno, plantear hipótesis, analizar situaciones, diseñar y llevar a cabo experimentos, tomar decisiones, reflexionar y llegar a conclusiones (National Research Council, 2012).

Estas etapas de la indagación están vinculadas con habilidades del pensamiento crítico que en la educación infantil:

"(…) ha de promoverse desde la interacción dialógica en contextos que promuevan la curiosidad, la formulación de preguntas y la búsqueda de respuestas mediante la realización de experimentos, así como la construcción de justificaciones válidas refutando alternativas" (Bargiela et al., 2022).

En suma, el pensamiento crítico abordado desde la indagación favorece la capacidad para resolver problemas y desarrollar habilidades en los procesos de las ciencias.

Por último, las prácticas externas se muestran como un contexto ideal para que los maestros en formación inicial desarrollen el pensamiento crítico en el estudiantado de infantil a través de enfoques de reconocido valor como la indagación y los ODS. En resumen, las prácticas externas ofrecen un entorno propicio para el desarrollo del pensamiento crítico al brindar a los infantes la oportunidad de aplicar sus conocimientos en situaciones reales, tomar decisiones, resolver problemas, etc. Además, estas experiencias no solo benefician al alumnado sino también a los futuros profesionales de la educación contribuyendo significativamente a su crecimiento profesional y personal.

2. Marco teórico

Este estudio se centra en dos aspectos clave: las aportaciones de los ODS a la Educación Infantil, en particular de los relacionados con salud y bienestar (ODS 3) y producción y consumo responsable (ODS 12), y las aportaciones de la indagación al pensamiento crítico.

2.1. Aportaciones de los Objetivos de Desarrollo Sostenible a la Educación Infantil

Los ODS forman parte de una agenda global para abordar desafíos mundiales, en los que el ámbito educativo, incluida la educación infantil, juega un papel importante. Así, los ODS pueden beneficiar a los infantes desarrollando en ellos una conciencia temprana sobre los problemas globales que afectan a la sociedad inculcando el cuidado del planeta y de sus habitantes, a la vez que promueven valores de justicia, igualdad, sostenibilidad y responsabilidad. Algunos ODS, por ejemplo, impulsan la educación ambiental, centrándose en el cuidado de la naturaleza y en las medidas para reducir su impacto (United Nations, 2015). Los ODS plantean problemas complejos que requieren soluciones innovadoras, lo que ayuda a fomentar el pensamiento crítico y la capacidad para encontrar soluciones creativas a problemas reales. Además, los desafíos planteados pueden ayudar al alumnado infantil a desarrollar habilidades sociales y emocionales.

A nivel educativo es fundamental adaptar la enseñanza-aprendizaje de los ODS a la edad y nivel de desarrollo del estudiantado de educación infantil, utilizando enfoques pedagógicos adecuados. El maestro debe aprovechar el potencial de los ODS para inspirarles a ser ciudadanos competentes y responsables desde edades tempranas.

El ODS 3, "salud y bienestar", puede enriquecer el aprendizaje de los niños de educación infantil proporcionando entornos más saludables y equitativos. La nutrición, los hábitos de vida saludables, la salud y la enfermedad, el bienestar, o la conciencia ambiental, son aspectos educativos relacionados con la salud a través de este ODS.

En relación a la nutrición, estudiantes sanos y bien alimentados tienen mayor capacidad para aprender y participar activamente. La salud y el bienestar también incluye la promoción de hábitos de vida saludables como el lavado de manos, la higiene bucodental (Bravo et al., 2020) o la prevención de enfermedades, temas que deben integrarse en el día a día de esta etapa educativa.

La etapa infantil es ideal para tratar la prevención de enfermedades, especialmente la que se realiza mediante el uso de vacunas. La pandemia por COVID-19 contribuyó a abordar esta temática y crear concienciación en este sentido (Rodríguez y Franco-Mariscal, 2021). Los niños sanos tienen menos probabilidades de faltar a la escuela debido a enfermedades, lo que contribuye a su aprendizaje.

El bienestar no solo se limita a la salud física, sino también al bienestar emocional y mental (Rodríguez y Franco-Mariscal, 2021). Promover la salud mental y el control de las emociones ayuda a mejorar el rendimiento escolar y a estar mejor preparados para contribuir a la sociedad. Por último, existe una relación entre salud, bienestar y conciencia ambiental, ya que el alumnado adquirirá mayor concienciación valorando entornos limpios y saludables para personas y ecosistemas.

Por su parte, el ODS 12 que pone el foco en "producción y consumo responsables", puede tener implicaciones importantes para niños de educación infantil, en especial, en temas de sostenibilidad y conciencia ambiental. En este sentido, el ODS 12 promueve la importancia de reducir, reutilizar y reciclar materiales y recursos, contribuyendo a conservar el medioambiente. Los infantes deben aprender a ser críticos respecto a los productos que utilizan y su impacto en el medio. Por esta razón, los centros educativos incorporan programas que integran esta temática a través de la gestión de residuos, la conservación de recursos naturales y la minimización de la contaminación (Junta de Andalucía, 2023).

Asimismo, la adquisición de estos comportamientos fomenta la responsabilidad individual, en particular, en la toma de decisiones responsables ante el consumo, tan influido por la publicidad a estas edades (Bringué, 2012). Este consumo responsable complementa al ODS 3 al tratarlo desde una alimentación saludable, enseñando a los niños a producir alimentos de manera sostenible o a elegir alimentos locales y de temporada.

Finalmente, este ODS permite educar al estudiantado para un futuro sostenible y responsable en la producción y el consumo, lo que les ayudará a convertirse en una ciudadanía consciente y activa.

2.2. Aportaciones de la indagación al desarrollo del pensamiento crítico

La indagación es un proceso complejo de construcción de significados y modelos conceptuales coherentes, en el que el alumnado formula cuestiones, investiga para encontrar respuestas, comprende y construye nuevos conocimientos y comunica su aprendizaje a otros, aplicando el conocimiento de forma productiva a situaciones no familiares (European Comission, 2015, p. 68). Diferentes estudios indican que la Educación Infantil es la etapa más adecuada para iniciar al alumnado en la práctica de indagación, al relacionar los contenidos de ciencias con experiencias de su vida diaria (American Association for the Advancement of Science, 1998).

La investigación sobre temas de Educación Infantil es cada vez más habitual (Cruz-Guzmán et al., 2017; Mazas et al., 2018; Rodríguez et al., 2021). Diversos trabajos vinculan sus ventajas educativas con mejoras en el aprendizaje de los niños (Monteira y Jiménez, 2016; Romero, 2017) y con el desarrollo de habilidades de pensamiento crítico (Bargiela et al., 2022).

Aunque existen distintos enfoques de indagación (Rönnebeck et al., 2016), el modelo "5E learning cycle" (Bybee et al., 2006) es muy empleado en estas edades. Este modelo incluye cinco etapas: motivación-involucramiento, exploración-investigación, explicación, extensión-elaboración y evaluación. No obstante, tal como plantea

Franco-Mariscal (2015), todas las propuestas de indagación comparten características similares, en términos de planteamiento de la indagación; manejo de información; diseño, recogida y procesamiento de datos; análisis de datos y emisión de conclusiones; comunicación de resultados; y actitud crítica y trabajo en equipo. Estas etapas deben adecuarse al nivel educativo. Así, por ejemplo, una indagación para Educación Infantil para Rodríguez et al. (2021) incluye: planteamiento del problema (asamblea), emisión de hipótesis (asamblea), diseño de experimentos (individual), experimentar-manipular (individual) -supone observación y toma de decisiones-, análisis de resultados (individual) y conclusiones (individual y asamblea).

En todos los casos, la indagación no implica proporcionar una receta al estudiante, puesto que este debe ser el auténtico protagonista del aprendizaje a través de la manipulación y experimentación. En indagaciones relacionadas con los ODS tratados, como elaboración de alimentos saludables o productos para su consumo diario, los infantes deben decidir los materiales a emplear, las cantidades a mezclar y su orden, evaluando las propiedades de los productos obtenidos y emitiendo conclusiones sobre la mejor opción para obtener el producto deseado. Además, en caso de no lograrlo inicialmente, tienen la oportunidad de seguir manipulando y experimentando.

Diferentes autores coinciden en que la indagación contribuye al pensamiento crítico a través de la formulación de preguntas, la búsqueda de respuestas mediante la realización de experimentos, la curiosidad, o la construcción de justificaciones válidas refutando alternativas (Bargiela et al., 2022; Kuhn, 2019). El desarrollo de estas habilidades se convierte en un desafío y las escasas investigaciones al respecto se centran solo en algunas de ellas (Harbi, 2016; León, 2015). Croner (2003) relaciona las etapas implicadas en una indagación con las habilidades del pensamiento crítico: sintetizar, analizar y evaluar. La Tabla 6.1 muestra una adaptación de estas etapas para Educación Infantil.

El objetivo de este trabajo es mostrar los resultados, en niños de Educación Infantil, cuando desarrollan indagaciones relacionadas con la elaboración de alimentos saludables (ODS 3) o con la producción y consumo responsables (ODS 12), con el objetivo de promover habilidades de pensamiento crítico, conducidas por estudiantes del Grado en Educación Infantil durante sus Prácticas externas.

TABLA 6.1. ADAPTACIÓN A EDUCACIÓN INFANTIL DE LAS ETAPAS DE INDAGACIÓN Y HABILIDADES DE PENSAMIENTO CRÍTICO (CRONER, 2003)

ETAPA DE LA INDAGACIÓN	HABILIDAD DE PENSAMIENTO CRÍTICO	CAPACIDAD PARA...
Comprender un problema planteado como pregunta	*Sintetizar*	• Generalizar a partir de hechos dados • Relacionar conocimientos de varias áreas • Componer, combinar, crear
Predecir cómo afecta el cambio de la variable independiente a la variable dependiente	*Sintetizar*	• Predecir. • Relacionar conocimientos de varias áreas
Identificar variables	*Evaluar*	• Tomar decisiones basadas en argumentos razonados • Seleccionar, juzgar
Recoger y organizar datos en una tabla	*Analizar*	• Organizar. • Identificar componentes • Ordenar, clasificar, disponer
Diseñar y dibujar un gráfico que represente los datos	*Síntesis*	• Relacionar conocimientos de varias fuentes • Planificar, crear, diseñar
Emitir una conclusión que explique los datos	*Evaluar*	• Verificar el valor de las pruebas • Hacer elecciones basadas en argumentos razonados • Evaluar, seleccionar, juzgar, resumir, comparar

3. Metodología

Esta experiencia es un estudio de caso y se enmarca en una perspectiva cualitativa.

3.1. Participantes y contexto

Los participantes son 60 estudiantes (58 chicas y 2 chicos, con edad media de 23 años) pertenecientes a la asignatura Didáctica de las Ciencias de la Naturaleza de 3er curso del Grado en Educación Infantil de la Universidad de Málaga, y niños de 3 a 5 años de centros públicos de la provincia, donde desarrollaron sus prácticas externas.

3.2. Descripción de la experiencia

La experiencia forma parte de un programa de enseñanza de las Ciencias, basado en la indagación, que sigue una metodología en tres fases.

En la primera fase, que se desarrolla en la asignatura Didáctica de las Ciencias de la Naturaleza, los estudiantes adquieren una formación sobre indagación, sus distintas fases y su aplicación en el contexto de la educación infantil (Rodríguez et al., 2021). Esta instrucción proporciona ejemplos de experiencias de indagación (De la Calle, 2005) y ofrece la oportunidad de vivenciar una indagación en el aula de formación, concretamente la elaboración de yogur (Muñoz-Campos et al., 2020). Finalmente, diseñan una indagación relacionada con los ODS 3 y 12, adaptada a niños de Educación Infantil.

La segunda fase se lleva a cabo en la asignatura Prácticum II, donde los estudiantes preparan los materiales e implementan la indagación diseñada en un aula de Educación Infantil durante la realización de sus prácticas externas. Esta experiencia se desarrolla, en primer lugar, en una asamblea donde se presenta el problema a investigar relacionado con un ODS, se discuten los materiales a utilizar y se proponen diferentes diseños. Posteriormente, se procede a la indagación en sí misma, donde los niños exploran y experimentan con los materiales para alcanzar el producto deseado. Por último, cada niño comparte sus hallazgos y conclusiones en una asamblea final.

La tercera fase tiene lugar de nuevo en la asignatura Didáctica de las Ciencias de la Naturaleza donde el alumnado expone a sus compañeros su indagación en el formato de una feria y reflexiona sobre los resultados obtenidos en las prácticas. Todo ello les permitirá hacer propuestas de mejora para sus diseños.

3.3. Instrumentos de recogida de información y análisis de datos

El principal instrumento de recogida de datos fue la Memoria de la indagación presentada por los estudiantes donde se incluían los resultados de su experiencia durante las prácticas y sus reflexiones. Los estudiantes elaboraron esta memoria empleando diversos instrumentos como observaciones de aula, diálogos del maestro con los niños grabadas en audio, fotografías, notas de campo y las producciones realizadas por el alumnado en el desarrollo de las indagaciones.

La recogida de datos siguió las normas éticas del comité responsable de experimentación con humanos, tanto para los estudiantes universitarios como para los infantes, donde además cada centro obtuvo el permiso de los padres para la participación de sus hijos. No obstante, los nombres que se utilizan en esta investigación son seudónimos.

Este trabajo se centra en el análisis de 60 memorias desde una perspectiva cualitativa, y utiliza dos experiencias para su ejemplificación.

4. Resultados

Las indagaciones diseñadas y realizadas con los niños abarcaron una amplia variedad de temas, que pueden agruparse en dos áreas principales: la elaboración de alimentos saludables, como batidos y limonadas (ODS 3), y la creación de productos comunes en el entorno del aula de educación infantil, como tizas, plastilina y pinturas, o en sus hogares, como jabón y porcelana (ODS 12).

Para este trabajo se seleccionaron, como estudio de caso, dos indagaciones (elaboración de limonada y de plastilina) que representan los ODS abordados y que permiten ejemplificar lo que ocurrió en el aula en otras indagaciones similares. Presentamos a continuación los resultados de los niños y las reflexiones de los estudiantes en prácticas.

4.1. Resultados con niños de Educación Infantil

4.1.1. Indagación sobre salud y bienestar

Este apartado recoge una indagación sobre elaboración de limonada con 12 niños de edades comprendidas entre 3 y 4 años, con idea de ilustrar una indagación sobre el ODS 3.

El maestro presenta en la asamblea la pregunta de la indagación: "¿Podemos preparar una limonada saludable casera?", para reflexionar sobre salud y bienestar. Luego, se muestran distintos ingredientes (limón, lima, naranja, sal, azúcar, agua, leche) (Figura 6.1, imagen izqda.) para que los niños observen su forma, color y textura, para que prueben su sabor, emitan algunas hipótesis y decidan cuáles son necesarios para hacer una limonada. Algunos diálogos que tuvieron lugar en la asamblea fueron:

> ESTUDIANTE EN PRÁCTICAS: *Vamos a preparar una bebida saludable como es una limonada. Es muy importante tomar alimentos saludables para estar sanos. ¿Sabéis qué ingredientes hacen falta para hacer una limonada?*
>
> TODOS LOS NIÑOS: *¡Limón!*
>
> ESTUDIANTE EN PRÁCTICAS: *¿Sabéis qué es esto?* [Enseña un limón].
>
> NIÑOS: *¡Un limón!*
>
> ESTUDIANTE EN PRÁCTICAS: *¿De qué color es?*
>
> NIÑOS: *¡Amarillo!*
>
> ESTUDIANTE EN PRÁCTICAS: *¿Es una verdura?*
>
> FRAN: *No. ¡Es una fruta!*
>
> ESTUDIANTE EN PRÁCTICAS: *¡Muy bien! ¿Queréis probar un poco de limón?*
>
> NIÑOS: *Sí.* [Al probarlo algunos niños ponen cara de asco].
>
> ESTUDIANTE EN PRÁCTICAS: *¿Sabéis qué es esto?* [Muestra una lima].
>
> NIÑOS: *¡Un kiwi!*
>
> ESTUDIANTE EN PRÁCTICAS: *¿Seguro que es un kiwi?*
>
> NIÑOS: *¡Sí!*
>
> ESTUDIANTE EN PRÁCTICAS: *Pues no.*
>
> LUCÍA: *¿Puedo tocarlo?* [Todos los niños tocan la lima].
>
> EMILIO: *Es verde y tiene pelitos.*
>
> ESTUDIANTE EN PRÁCTICAS: *La piel, ¿se parece a la del limón?*
>
> EMILIO: *¡Sí!*
>
> ESTUDIANTE EN PRÁCTICAS: *Es una lima. ¿Quieres probarla?*
>
> EUGENIA: *¡Sí!. Sabe como el limón.*

Examinados todos los ingredientes, los niños indican que para preparar una limonada se necesita zumo de limón y lima, agua y azúcar. A continuación, los niños extraen el zumo de un limón y una lima, lavándolo primero y usando un exprimidor manual (Figura 6.1, imagen central). Algunos niños encuentran dificultad en esta tarea y el maestro les enseña a apretar el limón con las dos manos y a girarlo.

Figura 6.1. *Posibles ingredientes para hacer la limonada (imagen izqda.),
niño exprimiendo un limón (imagen central) y preparando la limonada (imagen drcha.).*

Seguidamente, en grupos de 3 miembros, realizan mezclas con diferentes proporciones de zumo de limón, lima, agua y azúcar, utilizando como unidad de medida un cazo para los líquidos y una cuchara grande para el azúcar (Figura 6.1, imagen derecha.). Todas las cantidades las anotan en una ficha. La Tabla 6.2 ilustra las proporciones empleadas por cada grupo.

TABLA 6.2. PROPORCIONES EMPLEADAS POR LOS NIÑOS PARA ELABORAR LIMONADA				
	ZUMO DE LIMÓN	**ZUMO DE LIMA**	**AGUA**	**AZÚCAR**
Grupo 1	0	1	2	2
Grupo 2	3	0	1	1
Grupo 3	1	0	3	1
Grupo 4	0	1	3	1

Una vez preparadas las limonadas, todos los niños valoran algunas propiedades de las mezclas obtenidas para decidir la mejor limonada. Por un lado, cada niño compara el color de la mezcla obtenida con el de los ingredientes de origen, valorando el color resultante en una escala de amarillos. Por otro lado, evalúan si el olor y el sabor les gusta, oliendo y probando las limonadas, y registrando su percepción sobre una rúbrica con tres niveles (me gusta, regular, no me gusta). Luego, hacen un recuento de cada propiedad analizada y, ayudados por el maestro, realizan un diagrama de barras para cada propiedad.

A partir de los resultados, el estudiantado concluye que la mejor limonada es la mezcla preparada por el grupo 3 (un cazo de zumo de limón, tres cazos de agua y una cucharada de azúcar).

Como parte final de la indagación, se realiza una asamblea para reflexionar sobre alimentación saludable. En ella, los niños expresaron su preferencia por consumir, durante el desayuno, frutas frescas o zumos naturales en lugar de productos procesados.

4.1.2. Indagación sobre producción y consumo responsable

A continuación, se muestran los resultados de una indagación sobre fabricación de plastilina casera para ejemplificar el ODS sobre producción y consumo responsable. Los participantes de esta indagación fueron 10 niños de 4 años.

La indagación comienza planteando en asamblea la pregunta: "¿Es importante que produzcamos nuestra propia plastilina?", a partir de la cual se pretende reflexionar sobre la importancia de la producción y el consumo responsable. Después, se presentan los ingredientes requeridos para elaborar plastilina, incluyendo harina, agua, aceite y sal, con el objetivo de que los niños puedan explorar sus características (estado físico, color, textura, etc.) y para que tengan la oportunidad de manipularlos. Se les explica que solo se obtendrá plastilina mezclando estos ingredientes en las proporciones correctas.

Seguidamente, trabajando en pequeños grupos de 3-4 estudiantes, plantean varias hipótesis sobre los ingredientes y cantidades más adecuados, y diseñan diversas combinaciones para crear plastilina. Para simplificar el proceso para los niños, el maestro especifica la cantidad que deben añadir a la mezcla de aceite y sal, controlando de esta forma dos variables y permitiendo que los niños ajusten únicamente las proporciones de harina y agua como variables independientes. Para ello, utilizan una plantilla donde registran la cantidad de cada ingrediente utilizado (Figura 6.2, izqda.). Asimismo, disponen de un vasito unidad para que todas las cantidades sean idénticas. Luego, añaden los ingredientes a un recipiente y amasan la mezcla (Figura 6.2, central) hasta obtener el producto final (Figura 6.2, dcha.).

Figura 6.2. *Plantilla de la indagación cumplimentada por un grupo (imagen izqda.), experimentación en el aula (imagen central) y producto obtenido (imagen drcha.).*

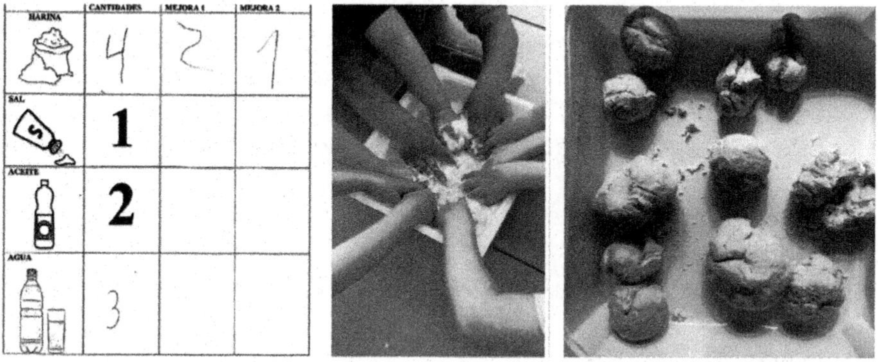

En los siguientes párrafos se discute el resultado de un grupo que utilizó las proporciones mostradas en la Figura 6.2 (imagen izqda.): cuatro vasitos de harina, dos de aceite, tres de agua y un poco de sal. Esta combinación no produjo el resultado deseado puesto que los niños obtuvieron una mezcla muy licuada. En estos casos, los niños deben arreglar la mezcla y probar de nuevo. En la primera, el resultado mejora añadieron dos vasitos más de harina; y tras amasar un rato, se dieron cuenta de que no era suficiente, motivo por el cual decidieron añadir un vasito más de harina (mejora 2), momento en el que obtuvieron plastilina.

A continuación, se ilustran los diálogos del alumnado con el estudiante en prácticas para tomar estas decisiones:

ESTUDIANTE EN PRÁCTICAS: *Vamos a preparar la plastilina. ¿Cuántos vasitos queréis echar de agua, uno, dos o tres?*

NIÑOS: *Tres.*

ESTUDIANTE EN PRÁCTICAS: *¿Quién lo quiere echar?*

[El diálogo transcurre de forma similar con el resto de ingredientes. Una vez añadidos todos los ingredientes y amasada la mezcla, el estudiante en prácticas sigue preguntando].

ESTUDIANTE EN PRÁCTICAS: *¿Qué ha pasado?*

BEATRIZ: *¡Ha quedado muy líquido!*

JOSÉ: *¡Está todo inundado!*

ESTUDIANTE EN PRÁCTICAS: *¿Es plastilina?*

NIÑOS: *¡No!*

ESTUDIANTE EN PRÁCTICAS: *¿Creéis que se puede arreglar para que sea plastilina?*

NIÑOS: *No.*

ESTUDIANTE EN PRÁCTICAS: *¿Qué creéis que ha pasado para que salga así y no salga plastilina? Habéis echado cuatro vasitos de harina, uno de sal, dos de aceite y tres de agua. ¿Qué creéis que le hace falta?*

MARÍA: *El 4.* [Hace referencia al número de vasitos de harina añadidos].

ESTUDIANTE EN PRÁCTICAS: *¿Le habéis echado mucha harina o mucha agua?*

MARÍA: *Mucha agua.*

BEATRIZ: *Tres es poco.*

ESTUDIANTE EN PRÁCTICAS: *¿Creéis que si le echáis más agua se arregla?*

JOSÉ: *No sé.*

PEDRO: *No. Más harina.*

ESTUDIANTE EN PRÁCTICAS: *¿Por qué?*

PEDRO: *Está inundado.*

ESTUDIANTE EN PRÁCTICAS: *¿Cuánto más le echamos de harina?*

PEDRO: *Dos.* [Los niños añaden dos vasitos más de harina y amasan de nuevo].

ESTUDIANTE EN PRÁCTICAS: *¿Y ahora es plastilina?*

NIÑOS: *¡No!*

ESTUDIANTE EN PRÁCTICAS: *¿Por qué?*

PEDRO: *Sigue inundando.*

ESTUDIANTE EN PRÁCTICAS: *Pero, ¿está igual de inundado que antes?*

MARÍA: *No. Menos.*

ESTUDIANTE EN PRÁCTICAS: *¿Qué hacemos entonces?*

MARÍA: *Le echamos más harina.*

ESTUDIANTE EN PRÁCTICAS: *¿Probamos con un vasito más?*

[En esta segunda mejora los niños añaden un vaso más de harina y obtienen plastilina].

Una de las virtudes de esta práctica científica es que el transcurso de la indagación ocurre de forma distinta en cada grupo. Así, un segundo grupo optó por utilizar como proporción cinco vasos de harina, dos de aceite, uno de agua y una cucharada de sal. En este caso, la mezcla contenía demasiada harina respecto a la cantidad de agua, por lo que la plastilina no se obtuvo tras la primera mezcla. Como mejora, tuvieron que volver a añadir agua para conseguir plastilina. Como se observa, las decisiones que tomó este grupo y el anteriormente descrito fueron opuestas.

Solamente el tercer grupo obtuvo plastilina con la mezcla inicial sin necesidad de realizar cambios, utilizando dos vasos de harina, dos de aceite y uno de agua, y una cucharada de sal.

Por último, los niños comparan el color, la textura, la dureza y la elasticidad del producto obtenido, con las propiedades de una plastilina auténtica para determinar su similitud.

Tras finalizar la indagación, tiene lugar una asamblea donde los niños plantean las dificultades surgidas en la indagación y cómo las resolvieron. Asimismo, reflexionaron sobre la importancia de fabricar productos cotidianos como plastilina, tizas o jabón para utilizarlos en el aula en lugar de comprarlos.

4.2. Reflexiones de los estudiantes en prácticas

La reflexión sobre las indagaciones desarrolladas se promovió en el marco de la asignatura Didáctica de las Ciencias de la Naturaleza a través de una feria de ciencias donde cada estudiante presentaba su indagación a los compañeros. De esta forma, tienen la posibilidad de conocer y ejecutar otros proyectos manipulándolos y haciendo aportaciones.

Esta visión amplia de indagaciones les hizo reflexionar sobre las dificultades que encuentran al adaptar temáticas de Ciencias para el alumnado de Educación Infantil. Asimismo, les ayudó a explorar la comunicación de distintos contenidos científicos de manera comprensible para estas edades, de una forma creativa y atractiva. Además, la interiorización de las etapas de la indagación les enfrenta al reto de desglosar cada etapa en acciones concretas y secuenciadas para que puedan ser comprendidas por los niños.

Los estudiantes consideraron esta actividad muy enriquecedora por la posibilidad de compartir inquietudes con otros compañeros y por los aprendizajes alcanzados. Seguidamente se recogen las reflexiones en las que coinciden los estudiantes en prácticas en sus memorias de la experiencia:

- Antes de la puesta en práctica de una indagación en el aula de infantil es esencial que el maestro la haya ensayado previamente y prevea posibles alternativas que puedan proponer los infantes.

- Para un adecuado desarrollo de la indagación en el aula se recomienda ponerla en práctica con grupos reducidos de niños, siendo el rincón de ciencias quizás el lugar más adecuado para su implementación.
- Sería deseable que cada grupo de niños estuviera atendido por un maestro al realizar la indagación ya que esto permitiría un mejor seguimiento de las propuestas que van realizando.
- Para que los niños comprendan las etapas de la indagación éstas deben desglosarse en acciones concretas.
- Si en una indagación están implicadas varias variables independientes (que el niño podría cambiar) es fundamental que el maestro controle alguna de ellas, como se ha mostrado en el ejemplo de la plastilina. Esto facilita que los niños obtengan el producto deseado sin necesidad de realizar muchas mejoras.
- El diálogo del maestro con los infantes es esencial para que puedan tomar decisiones adecuadas y razonadas.

5. Discusión y conclusiones

Este trabajo muestra la potencialidad educativa que la práctica científica de indagación tiene durante las prácticas externas del Grado en Educación Infantil, para promover habilidades de pensamiento crítico, cuando es abordada a través de temáticas relacionadas con los ODS. Las indagaciones propuestas brindan a los niños la oportunidad de reflexionar sobre la alimentación saludable y los recursos disponibles, fomentando el consumo responsable y promoviendo estilos de vida sostenibles.

Una gran ventaja de la indagación es que a pesar de que todos los infantes trabajen la misma temática, la desarrollan desde diferentes perspectivas en el aula (Rodríguez et al., 2021). Así, en el ejemplo analizado, un grupo consiguió plastilina muy líquida, y para otro resultó demasiada seca. Esto hace que en el desarrollo de la indagación los niños no puedan reproducir los procedimientos de otros grupos para obtener el resultado final. En el ejemplo citado, la plastilina seca necesita agua, mientras que la que está muy líquida requiere harina. Se evita así una práctica habitual en esta etapa, la imitación de lo que dicen o hacen otros compañeros.

La práctica de la indagación familiariza a los estudiantes con un enfoque que fomenta el método científico y potencia su habilidad para resolver problemas, diseñando propuestas de experimentos, llevándolos a la práctica, recogiendo datos, tomando decisiones, solucionando los problemas que surgen y estableciendo conclusiones (Franco-Mariscal, 2015). En todo momento, los niños deben tomar las decisiones, y el papel del docente se limita a actuar como orientador y facilitador.

Basándonos en Croner (2003), podemos concluir que las indagaciones llevadas a cabo en las prácticas externas ayudaron a desarrollar en los niños las siguientes habilidades de pensamiento crítico:

- *Sintetizar*
  - Al ser capaces de generalizar a partir de hechos dados (p.e., las características de un alimento saludable).
  - Al emitir hipótesis para predecir cambios (p.e., el efecto que puede tener añadir más agua a una mezcla de plastilina demasiado dura).
  - Al crear y dibujar gráficos a partir de datos recogidos (p.e, al elegir la mejor limonada a partir de valoraciones de los niños sobre color, sabor y olor).
- *Analizar*
  - Al identificar los ingredientes adecuados para la indagación (p.e., al elegir zumo de limón o lima, y no naranja, para hacer una limonada).
  - Al identificar las diferencias entre componentes (p.e., entre una lima y un limón).
  - Al recoger y organizar datos en una ficha para añadir las cantidades adecuadas de los ingredientes.
- *Evaluar*
  - Al identificar variables independientes (aquellas que los estudiantes proponían cambiar para elaborar plastilina como la cantidad de harina o de agua) o variables controladas (aquellas que añadían siempre en la misma cantidad, como sal o aceite).
  - Al tomar decisiones basadas en argumentos razonados (p.e., al añadir más harina cuando la plastilina estaba muy licuada).
  - Al emitir una conclusión (p.e., comparando varios productos y seleccionando el que reúne mejores condiciones).

A modo de síntesis, y a partir de las evidencias mostradas en este trabajo, podemos concluir que la indagación es una práctica eficaz para desarrollar habilidades de pensamiento crítico, en torno a problemas planteados a través de ODS en la etapa de Educación Infantil; y las prácticas externas son el momento adecuado para implementarlas ya que los futuros docentes pueden vivenciarlas de primera mano, reflexionando sobre sus ventajas e inconvenientes, lo que permitirá trasladarlas a su práctica docente.

Referencias bibliográficas

American Association for the Advancement of Science (AAAS) (1998). *Blueprints for reform: Science, Mathematics and Technology Education.* Oxford University Press. https://doi.org/10.1086/376057

Bargiela, I.M., Blanco Anaya, P., & Puig, B. (2022). Las preguntas para la indagación y activación de pensamiento crítico en educación infantil. *Enseñanza de las Ciencias, 40*(3), 11-28. https://doi.org/10.5565/rev/ensciencias.5470

Barnaby, B. (2016). From Theory to Practice: Critical Thinking as a Multifaceted Concept. A pilot study investigating consensus between students' and tutors' perceptions in higher education. *Journal of Perspectives in Applied Academic Practice, 4*(3), 40-47. https://doi.org/10.14297/jpaap.v4i3.209

Blanco-López, A., España-Ramos, E., & Franco-Mariscal, A.J (2017). Estrategias didácticas para el desarrollo del pensamiento crítico en el aula de ciencias. *Ápice, Revista de Educación Científica, 1*(1), 107-115. https://doi.org/10.17979/arec.2017.1.1.2004

Bravo, M. et al. (2020). Encuesta de Salud Oral en España 2020. *RCOE, Revista del Ilustre Consejo General de Colegios de Odontólogos y Estomatólogos de España, 25*(4), 12-69.

Bringué, X. (2012). Publicidad infantil y estrategia persuasiva: un análisis de contenido. *ZER: Revista de Estudios de Comunicación, 6*(10), 1-10. https://doi.org/10.1387/zer.6104

Bybee, R., Taylor, J., Gardner, A., Van Scotter, P., Powell, J., Westbrook, A., & Landes, N. (2006). *The BSCS 5E Instructional Model: Origins and Effectiveness.* Science Education National Institutes of Health.

Calero, M., Cantó, J., Mayoral, O., Pina, T., Ull, M.A., & Vilches, A. (2022). Propuestas didácticas para la incorporación de los ODS en la formación inicial del profesorado de Educación Infantil y Educación Primaria. En A. Benarroch (Coord.), *Actas de 30 Encuentros Internacionales de Didáctica de las Ciencias Experimentales* (pp.185-190). Ápice y Universidad de Granada.

Croner, P. (2003). Developing critical thinking skills through the use of guided laboratory activities. *The Science Education Review* 2(2), 4601-4613.

Cruz-Guzmán, M., García-Carmona, A., & Criado, A.M. (2017) Aprendiendo sobre los cambios de estado en educación infantil mediante secuencias de pregunta–predicción–comprobación experimental. *Enseñanza de las Ciencias* 35(3), 175-193. https://doi.org/10.5565/rev/ensciencias.2336

De la Calle, C. (2005). *Proyecto el agua. Escuela Infantil Los Gorriones.* https://www.csicenlaescuela.csic.es/proyectos/flotacion/experiencias/web/a1.htm

European Commission (2015). *Science education for responsible citizenship.* European Union.

Facione, P.A., Sánchez, C.A., Facione, N.C., & Gainen, J. (1995). The disposition toward critical thinking. *Journal of General Education, 44*(1), 1-25. https://www.jstor.org/stable/27797240

Franco-Mariscal, A.J. (2015). Competencias científicas en la enseñanza y el aprendizaje por investigación. Un estudio de caso sobre corrosión de metales en secundaria. *Enseñanza de las Ciencias, 33*(2), 231-252. https://doi.org/10.5565/rev/ensciencias.1645

García, C.D., González, L.K., Perico, N.R., Pérez, C., & Hernández, J.G. (2022). Pensamiento crítico y los objetivos de desarrollo sostenible: comunidades y ciudades sostenibles. *Ingenio Magno, 13*(1), 59-79. http://revistas.ustatunja.edu.co/index.php/ingeniomagno/article/view/2574.

Harbi, A. (2016). «He isn't an animal, he isn't a human; he is just different»: exploring the medium of comics empowering children's critical thinking. *Journal of Graphic Novels and Comics, 7*(4), 431-444. https://doi.org/10.1080/21504857.2016.1219956

Junta de Andalucía. Consejería de Desarrollo Educativo y Formación Profesional (2023). *Aldea: Programa de educación ambiental para la comunidad educativa.* https://www.juntadeandalucia.es/educacion/portals/web/ced/planesyprogramas/educacion-ambiental

Kuhn, D. (2019). Critical Thinking as Discourse. *Human Development, 62*(3), 146-164. https://doi.org/10.1159/000500171

León, J.M. (2015). A Baseline Study of Strategies to Promote Critical Thinking in the Preschool Classroom. *Gist Education and Learning Research Journal, 10,* 113-127. https://doi.org/10.26817/16925777.270

López-Aymes, G. (2012). Pensamiento crítico en el aula. *Docencia e Investigación, 22,* 41-60.

Mazas, B., Gil-Quílez, M.J., Martínez, B., Hervás, A., & Muñoz, A. (2018). Los niños de infantil piensan, actúan y hablan sobre el comportamiento del aire y del agua. *Enseñanza de las Ciencias, 36*(1), 163-180. https://doi.org/10.5565/rev/ensciencias.2320

Monteira, S.F., & Jiménez, P. (2016). The practice of using evidence in kindergarten: The role of purposeful observation. *Journal of Research in Science Teaching*, *53*(8), 1232-1258. https://doi.org/10.1002/tea.21259

Muñoz-Campos, V., Franco-Mariscal, A.J., & Blanco-López, A. (2020). Integration of scientific practices into daily living contexts: A framework for the design of teaching-learning sequences. *International Journal of Science Education*, *42*(15), 2574-2600. https://doi.org/10.1080/09500693.2020.18 21932

National Research Council (NRC) (2012). *A framework for K-12 science education: Practices, cross-cutting concepts and core ideas*. The National Academies Press.

Rodríguez, A.M., & Franco-Mariscal, A.J (2021). Educando en emociones. Cartas que curan almas. *Aula de Infantil*, *112*, 15-19.

Rodríguez, A.M., Cáceres, M.J., & Franco-Mariscal, A.J (2021). ¿Cómo hacemos crecer una planta? Una indagación con niños de 3 años de educación infantil. *Enseñanza de las Ciencias*, *39*(3), 231-253. https://doi.org/10.5565/rev/ensciencias.3345

Romero, M. (2017). El aprendizaje por indagación: ¿existen suficientes evidencias sobre sus beneficios en la enseñanza de las ciencias? *Revista Eureka sobre Enseñanza y Divulgación de las Ciencias*, *12*(2), 286-299. https://doi.org/10.25267/Rev_Eureka_ensen_divulg_cienc.2017.v14.i2.01

Rönnebeck, S., Bernholt, S., & Ropohl, M. (2016). Searching for a common ground-A literature review of empirical research on scientific inquiry activities. *Studies in Science Education*, *52*(2), 161-197. https://doi.org/10.1080/03 057267.2016.1206351

United Nations (2015). *Transforming our world: The 2030 agenda for sustainable development* (No. A/RES/70/1).

Agradecimientos: Este trabajo forma parte del Proyecto I+D+i «Ciudadanos con pensamiento crítico: Un desafío para el profesorado en la enseñanza de las Ciencias», referencia PID2019-105765GA-I00, financiado por MCIN/AEI/10.13039/501100011033. El estudio se realizó de acuerdo con el protocolo aprobado por el Comité Ético de Experimentación de la Universidad de Málaga (CEUMA) referencia 31-2022-H.

7

Las prácticas curriculares en la adquisición de competencias relacionadas con la atención a la diversidad sexo-genérica. Un estudio comparado de las Guías docentes

Rosa Eva Valle Flórez
Mª Jesús Colmenero Ruiz
Rebeca Soler Costa
Mercedes Sánchez Sáinz

1. Introducción

La educación para la atención a la diversidad sexual, de género y familiar en Educación Infantil, Primaria y Secundaria es un tema que ha ido ganando relevancia en los últimos años, ya que no se entendería el desarrollo del principio de inclusión educativa sin una formación en esta línea (Sánchez-Sáinz, 2019). De hecho, en la Agenda 2030, uno de los requisitos para lograr el desarrollo sostenible es el ODS 4 "Garantizar una educación inclusiva, equitativa y de calidad". Nuestro trabajo se enmarca explícitamente en este indicador, pero también tiene referencias a la igualdad de género, incluido en el ODS 5 "Lograr la igualdad entre los géneros y empoderar a todas las mujeres...", entendiendo que este objetivo no solo persigue la igualdad entre hombres y mujeres, sino entre las diferentes identidades de género y orientaciones sexuales, reflejadas dentro del colectivo LGBTIQ+.

Por otro lado, es importante tener en cuenta la obligatoriedad de formación y atención a las diversidades sexo-genéricas que viene dada en la normativa promulgada por las diferentes comunidades autónomas y, especialmente, tras la aprobación de la Ley estatal 4/2023, de 28 de febrero, para la igualdad real y efectiva de las personas trans y para la garantía de los derechos de las personas LGBTIQ+, que en su sección 5ª establece las medidas en el ámbito educativo. Así pues, el propio Gobierno incluirá en el currículo de las diferentes etapas educativas el conocimiento y respeto por la diversidad sexual, de género y familiar (art. 20.1) así como en los temarios de oposiciones al cuerpo docente (art. 20.2) y que las administraciones educativas impulsarán en los planes de estudio de las profesiones docentes la capacitación necesaria para abordar la diversidad sexual, de género y familiar (art. 20.3) y promoverán grupos específicos de investigación en esta línea (art. 20.4).

Por tanto, es fácil entender que el reconocimiento y el respeto a la diversidad sexual, de género y familiar, en el ámbito educativo es un derecho fundamental y un gran reto para promover una educación respetuosa con todas las identidades de género y sexualidad, de ahí la importancia del presente trabajo.

2. Marco teórico

La formación inicial del profesorado de Educación Infantil, Primaria y Secundaria es crucial para que la atención a la diversidad sexual, de género y familiar sea una realidad en los centros educativos y que éstos lleguen a ser lugares seguros y empoderantes para el colectivo LGBTIQ+, por tanto, su preparación es clave para abordar con rigor y éxito estas diversidades. En esta línea, Sánchez-Torrejón (2021) afirma:

> "El profesorado es el protagonista en el papel de propiciar contextos educativos en los que se desarrollen las competencias a través de metodologías que posibiliten el diálogo, las interacciones, la solidaridad, la igualdad y el respeto a todo el alumnado, y que propicie una experiencia inclusiva donde cada persona sea reconocida y valorada, donde cada una se sienta apoyada, independientemente de cuál sea su orientación sexual e identidad de género" (2021, p. 255).

La importancia de incluir en los planes de estudio de la formación inicial del profesorado las competencias y contenidos relacionados con esta temática, especialmente en la materia de prácticum, ha sido resaltada por diversas autorías como Pichardo & Puche (2019), Generelo (2016), Monarca et al. (2021), Sánchez-Sáinz (2019), o Sánchez-Torrejón (2021), entre otras. Siguiendo a maestros como Freire (1986), podemos afirmar la evidencia de que no hay intervención educativa neutra, pues pretender educar en la neutralidad y pasar de puntillas por contenidos relativos al colectivo LGBTIQ+ implica seguir manteniendo un sistema educativo y, por ende, una sociedad transmisora de muchas violencias, incluida dentro de ellas la invisibilización de realidades personales.

El hecho de incluir estas temáticas en los planes de estudio de los Grados relacionados con la educación y, por consiguiente, en el Prácticum, viene dada por la constatación de la existencia de LGBTIQ+fobia en el ámbito educativo, entendiendo, por tanto, que los centros educativos no son lugares seguros para el alumnado y familias no cisgénero y/o no heterosexuales. Las primeras investigaciones que vinieron a constatar la existencia clara de la LGBTIQ+fobia en el sistema educativo vinieron de mano de autorías como Pichardo et. al (2007), Generelo et al. (2008) e INJUVE (2011).

Especialmente flagrante es la casuística que afecta a menores trans, desembocando en un abandono prematuro del sistema educativo (Moreno & Puche, 2013; Marine, 2017). Esta LGBTIQ+fobia fue constatada por Penna & Sánchez (2015) en el propio alumnado del Máster de Formación de Profesorado de Secundaria apuntando a la formación del futuro profesorado como eje de cambio para poder ofrecer una respuesta educativa de calidad a todo el alumnado, incluido el LGBTIQ+ (lesbianas, gais, bisexuales, transgénero, intersexuales, queer y/o con identidades y orientaciones sexuales no normativas).

Fue Penna (2012) quien destacó la necesidad de una formación inicial del profesorado para que fuera capaz de atender a la diversidad sexual, de género y familiar, diversidades hasta el momento invisibilizadas y juzgadas en el ámbito educativo. En esta línea, Larios et al. (2016), exploraron las perspectivas del profesorado reconociendo la necesidad de una formación que visibilice la diversidad sexual basada en valores que eliminen los estereotipos sexistas que posee el profesorado ya que, tanto desde el currículo explícito como desde el oculto, todos los mensajes vienen a reforzar la cisexualidad y heterosexualidad obligatorias, dificultando una identidad de género y una orientación sexual diferente a las cisgénero y heterosexual y haciendo que el alumnado LGBTIQ+ no vea su realidad reflejada en su aula ni en sus centros en toda su escolarización (Sánchez-Sáinz, 2019).

Concretamente, en el ámbito universitario, Pichardo & Puche (2019) vienen a constatar que la diversidad sexual, de género y familiar "no está apenas presente en los contenidos de asignaturas que forman a profesionales que tendrán que educar o atender a personas LGBT" (2019: 15). Por ello, realizan una serie de propuestas destinadas a incluir la atención a estas diversidades desde el ámbito universitario ya que aluden a los beneficios que reportaría en la convivencia y el propio conocimiento que se produciría y que se llegaría a transmitir, especialmente a estudiantes de los grados de educación que tendrán en sus manos la educación de otras personas, sobre todo teniendo en cuenta que mayoritariamente serán menores.

Por su parte, Alba (2023) destaca que el profesorado que ha recibido formación inicial y continua está capacitado para abordar esta temática en clase con mayor seguridad y transmitir estos valores a su futuro alumnado. En esta línea, Sánchez-Sáinz et al. (2022) apuntan la necesidad de lograr desde la innovación educativa y la formación del profesorado una educación que no reproduzca las desigualdades que ha venido desarrollando hasta el momento, planteando la idea de hacerlo desde las pedagogías "queer" (Flores, 2016), "crip" (Planella, 2017) y decoloniales (Ortiz et al., 2018) ya que, en su estudio, basado en las narrativas del profesorado, se pone de manifiesto que hay alumnado LGBTIQ+ que entiende que los centros educativos no son lugares seguros.

En esta línea, García-Medina et al. (2020) concretan que las escuelas y, por ende, la formación del profesorado debe asumir el reto de formación en esta línea de manera urgente y responsable, ya que la negligencia en dicha formación va a tener repercusiones negativas como las apuntadas en su investigación:

> "(…) clima de hostilidad en momentos cruciales, episodios de rechazo y discriminación intensos, indiferencia por parte del profesorado y la comunidad educativa; escasa o nula información, comunicación y apoyo de los centros a las familias; (...) y medidas de atención a la diversidad segregadoras y estigmatizadoras" (p. 217).

Esta formación debería ofrecerse, no desde un enfoque estigmatizador y basado en la otredad (Flores, 2016). De hecho, Sánchez-Sáinz et al. (2023) apuntan:

"(...) la necesidad de formar al profesorado desde una perspectiva transfeminista y a la importancia de que el centro muestre voluntad por atender a las diversidades sexo-genéricas" (p. 125).

Esta afirmación confirma, mediante las voces del alumnado trans escolarizado en Educación Secundaria Obligatoria, lo que apuntan otras autorías como McBride (2020) y Platero (2014) que se hacían eco de los enormes problemas de exclusión y de abandono temprano que se observaba, concretamente en alumnado trans, a lo largo de su escolarización obligatoria.

Todo lo expuesto hace evidente que el currículo, tanto explícito como oculto, de los centros educativos desde Educación Infantil hasta la propia formación universitaria del profesorado, no es objetivo ni neutral (Sánchez-Sáinz et al., 2022), que perpetúa la invisibilización de mucho alumnado (entre el cual se encuentra aquel perteneciente al colectivo LGBTIQ+), lo que conlleva su discriminación. Por ello se hace imprescindible comenzar a idear una formación inicial del profesorado que abogue por la justicia curricular (Torres, 2017) de tal manera que todo el alumnado pueda verse identificado y que "contribuya a que cada persona pueda consolidar su identidad, comprenderse y valorarse en el contexto escolar, donde pasa gran parte de su tiempo, gracias a políticas de reconocimiento y participación de toda la comunidad educativa" (García-Medina et al., 2022, p. 14). Es decir, habrá que comenzar a innovar en nuestras prácticas docentes y comenzar a cuestionar las invisibilidades que se producen en la escuela desde la propia formación del profesorado. Ya apuntaban voces de alumnado y profesorado entrevistados en variadas investigaciones (García-Medina et al., 2020; Sánchez-Sáinz et al., 2023) que para poder ser refugio y para poder hacer de los centros educativos lugares seguros, hay que formarse.

A la vista de estos resultados y de lo aportado por las diversas autorías expuestas, los planes de estudio tendrían que proporcionar la posibilidad de que el profesorado fuera capaz de identificar y abordar las situaciones de discriminación y exclusión relacionadas con la diversidad sexual, de género y familiar que se pueden presentar en el aula. En este sentido, el Prácticum debería ser una herramienta valiosa en la formación del futuro profesorado para ejercitar y profundizar en las competencias relacionadas con la educación para la atención a la diversidad sexual, de género y familiar en entornos educativos y sociales reales. Las prácticas han de permitir adquirir habilidades prácticas para el conocimiento de la diversidad sexo-genérica y la creación de ambientes de respeto hacia todas las identidades de género, orientaciones sexuales y familias. En definitiva, el Prácticum debería ser una oportunidad de reflexión sobre las propias actitudes y prejuicios en relación al colectivo LGBTIQ+ y una oportunidad de trabajar con docentes y profesionales de la orientación que aborden esas situaciones en sus aulas y centros educativos de cualquier etapa.

3. Metodología

El objetivo general de la investigación es conocer la formación inicial en relación con la diversidad sexo-genérica y su inclusión en el perfil académico-profesional de los planes de estudio. En este trabajo se presentan los resultados de las materias de las prácticas curriculares externas o Prácticum. Para ello, los objetivos específicos que nos planteamos son el análisis de las guías docentes de los estudios de grado y postgrados que se corresponden con los diferentes perfiles profesionales de la educación.

El método utilizado es un análisis documental, descriptivo y comparativo que forma parte de una investigación más amplia que complementa el estudio de las guías docentes con las percepciones y opiniones del futuro profesorado a través de cuestionarios y entrevistas.

La población objeto de estudio corresponde a las guías docentes del Prácticum de las titulaciones de Grado de maestro en Educación Infantil, Educación Primaria, Educación Social y dobles Grados con las combinaciones de las mencionadas titulaciones. En cuanto a los estudios de postgrado, se han analizado las guías docentes del prácticum del Máster en Formación del Profesorado de Educación Secundaria Obligatoria y Bachillerato, Formación Profesional y Enseñanzas de idiomas, en la totalidad de los módulos/especialidades, Máster en

Psicopedagogía y Máster en Orientación Educativa. Estas titulaciones conforman la familia profesional de la Educación de las Universidades: Autónoma de Barcelona (UAB), Complutense de Madrid (UCM), Jaén (UJAEN), León (ULEON) y Zaragoza (UNIZAR). La población de las Guías docentes analizadas asciende a 89.

Nuestro propósito es conocer en qué medida damos respuesta a la atención a la diversidad, y más concretamente a la diversidad sexo-genérica, en la universidad. Para ello, se van a analizar aquellas competencias, resultados de aprendizaje y contenidos de las distintas guías docentes, que tengan relación con la diversidad sexo-genérica.

El instrumento de recogida de datos consistió en una plantilla de análisis de contenido, elaborada ad hoc, con la que se realizó el volcado de información de las guías docentes del Prácticum de las distintas titulaciones de las facultades de Educación y Pedagogía. Los elementos curriculares que se analizaron fueron las competencias, los resultados de aprendizaje y los contenidos que tuvieran relación con la diversidad sexo-genérica. Para ello se estableció un código entre los investigadores participantes por el que incluía por cada materia la valoración de 1 = No manifiesta, 2 = Implícita, 3 = Explícita.

4. Resultados

En este apartado se ofrecen los resultados del análisis de las guías docentes de las distintas titulaciones abordadas en función de las dimensiones.

4.1. Dimensión "Competencias relacionadas con la atención a la diversidad"

En esta dimensión, se considera explícito cuando en las competencias se refleja textualmente el concepto de diversidad, siendo explícito cuando los términos estén relacionados con la diversidad, como necesidades educativas, inclusión...

Se destaca como del total de guías analizadas, en el 66.2% de ellas aparecen de forma implícita competencias relacionadas con la atención a la diversidad, el 18.2% de forma explícita y en 15.6% de las guías no se manifiestan competencias relacionadas con la atención a la diversidad. Una competencia explícita en la Guía docente "Prácticas docentes en los centros de Secundaria" del MAES de la Universidad de Jaén, por ejemplo, podría ser "Conocer las medidas de atención a la diversidad que se pueden adoptar para poder realizar el asesoramiento necesario en cada caso". Tal y como indica Sánchez-Sáinz (2022), es necesario que todo lo relacionado con el ámbito curricular en la formación del profesorado tenga un enfoque amplio, que no sea implícito.

4.2. Dimensión "Competencias relacionadas con la diversidad sexo-genérica"

La dimensión "*Competencias relacionadas con la diversidad sexo-genérica*" recoge aquellas competencias de las distintas guías docentes del Prácticum analizadas en las que se abordan cuestiones relacionadas con la igualdad en la orientación sexual, identidad de género, diversidad afectivo-sexual, diversidad sexo-genérica y todo lo referente al ámbito LGBTIQ+. De este modo, se consensuó considerar lo explícito cuando apareciesen estos términos en las competencias analizadas.

Los datos nos muestran que no existen grandes diferencias entre lo implícito y explícito, aunque es revelador cómo lo implícito supera a lo explícito y a lo no manifiesto. Un 36.4% de las guías del prácticum contemplan de forma implícita competencias relacionadas con la diversidad sexo-genérica, como por ejemplo: "Diseñar y desarrollar espacios de aprendizaje con especial atención a la equidad, la educación emocional y en valores, la igualdad de derechos y oportunidades entre hombres y mujeres, la formación ciudadana y el respeto de los derechos humanos que faciliten la vida en sociedad" (competencia de la guía docente de "Las prácticas docentes en centros de Secundaria del MAES").

En un 33.8% de las guías analizadas aparecen competencias relacionadas con la diversidad sexo-genérica, mientras que en un 29.9% no se manifiestan competencias que haga alusión a la diversidad ni a la diversidad sexo-genérica.

Indicábamos en el marco teórico la necesidad de ampliar y mejorar la formación inicial del profesorado de Educación Infantil, Primaria y Secundaria en la diversidad sexo-genérica y, de hecho, los porcentajes muestran un escaso avance hacia la visibilización e inclusión sexo-genérica. Resulta esencial formar al profesorado en la atención a la diversidad sexual, con la finalidad de que los futuros docentes y los estudiantes puedan sentirse seguros de sí mismos, empoderados y ligados al colectivo LGBTIQ+, siendo una realidad tangible, observable, abordable y asumible con el necesario respeto (Sánchez-Torrejón, 2021).

Se aboga, pues, por la necesidad de modificar en las guías docentes las competencias relacionadas con esta diversidad, con la finalidad de contribuir a su visibilización. Si en dichas guías no se reflejan competencias de forma explícita no se trabajarán en la materia y con ello, no se ofrecerá la adecuada formación en diversidad sexo-genérica.

4.3. Dimensión "Resultados de aprendizaje relacionados con la diversidad sexo-genérica"

Entendiendo los resultados de aprendizaje como una declaración de lo que se espera que el estudiantado conozca, comprenda y sea capaz de hacer al finalizar un periodo de aprendizaje, se pretende analizar lo que el alumnado conoce y comprende acerca de la diversidad sexo-genérica durante su prácticum. En un 85.7% de las guías docentes, no aparece ningún resultado de aprendizaje relacionado con la diversidad sexo-genérica, mientras que solo en un 13% aparecen de forma implícita.

Es preocupante que solo en un 1.3% de las guías se refleje de forma explícita la diversidad sexo-genérica, a través de los resultados de aprendizaje. Este hecho demuestra el camino que todavía queda por recorrer para lograr una auténtica inclusión del colectivo LGBTIQ+. Si ni siquiera las propias guías docentes incorporan resultados de aprendizaje afines a la diversidad sexo-genérica, difícilmente su alumnado podrá sentirse incluido, respetado y no dispondrá de las herramientas necesarias para incorporar el aprendizaje a su propia realidad y a la de otros compañeros (Pichardo & Puche, 2019; Generelo, 2016; Monarca et al., 2021). Los resultados de aprendizaje deberían reflejar qué pretendemos lograr en los alumnos, qué contenido se va a trabajar. Nos encontramos con que las guías docentes adolecen de contenidos relacionados con la diversidad sexo-genérica.

4.4. Dimensión "Contenidos relacionados con la diversidad sexo-genérica"

Es importante saber hasta qué punto el profesorado de la universidad tiene en cuenta la diversidad sexo-genérica en su aula, en su proceso de enseñanza-aprendizaje. Para ello, analizamos qué presencia de descriptores relacionados con la diversidad sexo-genérica se plasman en los contenidos de las guías docentes del Prácticum.

En un 94.8% de las guías docentes, no aparece ningún contenido en el que se mencione la diversidad sexo-genérica. Solo en un 5.2% se menciona de forma implícita algún contenido. Evidentemente, estos porcentajes son realmente alarmantes. Los estudiantes no encuentran en la hoja de ruta de cada materia contenidos propios que reflejen, respeten o introduzcan la diversidad sexo-genérica. Como señalan Pichardo & Puche (2019), el ámbito universitario carece de este tipo de formación, siendo prácticamente invisible y con ello no siendo capaz de ofrecer la formación necesaria a personas LGBTIQ+.

De hecho, hasta hace prácticamente cuatro años, este tipo de políticas universitarias no se consideraban. Actualmente, el Consejo de Educación en Europa aboga por reflejar en su Agenda 2030 en sus ODS dicha diversidad, y es responsabilidad de las Universidades incluirla, desarrollarla y entregarla a su alumnado, máxime en Facultades de Educación o instituciones que ofrecen formación al profesorado, dado que formamos a futuros docentes que también se encontrarán con una sociedad diversa.

Stricto sensu, si el ámbito universitario ofreciera este tipo de formación, lograríamos formar a futuros profesionales con las herramientas y competencias necesarias para integrarse en una sociedad marcada por la diversidad en todos sus ámbitos. Estos futuros profesionales necesitan adquirir competencias, conocimientos y actitudes necesarias para que prevalezca una convivencia pacífica y comprensible por sus miembros. Máxime todavía en los Prácticum este tema adquiere especial relevancia, ya que la realidad puede estar formada por estudiantes con diversidad sexo-genérica y las Guías docentes no responden a estas necesidades socioeducativas. En esta materia, los alumnos deberían encontrar formación teórico-práctica para abordar situaciones de diversidad sexo-genérica.

5. Discusión y conclusiones

Los resultados de nuestro análisis de las investigaciones consultadas señalan que las prácticas del profesorado en formación inicial son un factor clave en la educación de la diversidad sexual en la educación. Es necesario que el profesorado adquiera competencias pedagógicas y didácticas, tenga una actitud abierta y positiva hacia la diversidad sexo-genérica, y sea capaz de identificar y abordar las situaciones de discriminación y exclusión relacionadas con este tema en el aula. No obstante, esa formación es escasa y no explícita en la mayoría de las situaciones en cuanto a la diversidad sexual y de género. Abordar la carencia de formación del profesorado en relación con esta temática sería una de las estrategias clave para acabar con las situaciones de LGBTIQ+fobia en las aulas (Barozzi, 2015; Penna, 2012; Sánchez-Torrejón, 2021). De esta manera, se podrá promover una educación inclusiva y respetuosa hacia todas las personas, independientemente de su orientación sexual o identidad de género.

Para que la implementación de la formación en diversidad sexual, de identidad de género y familiar en las universidades se produzca, es necesario eliminar algunas barreras que incluyen la falta de interés y compromiso por parte del profesorado universitario, la falta de recursos y materiales didácticos adecuados, la falta de tiempo y espacio en los planes de estudio para incluir la diversidad sexual, y la falta de apoyo institucional y político. Para mejorar la formación del profesorado en diversidad sexo-genérica en las universidades se deben incluir explícitamente en las guías docentes referencias tanto en las competencias, los contenidos, metodologías, resultados de aprendizaje y en los recursos didácticos en materia de diversidad afectivo-sexual.

Se debería promocionar la investigación en este ámbito, y la creación de espacios seguros y libres de discriminación para el alumnado con orientaciones sexuales no heterosexuales, con identidades de género no cis, así como las diversas familias e, incluso el profesorado LGBTIQ+ que vienen a conformar la comunidad educativa en su conjunto.

Especialmente, en la formación del profesorado resulta de vital importancia modificar, actualizar y reconducir los contenidos, las competencias y los resultados de aprendizaje para ser capaces de formar a alumnos competentes en una sociedad diversa. Cuando introducimos procesos de innovación, debemos realmente ser conscientes de si conducen a una mejora o si son cuestiones puntuales que nos parecen ser relevantes. En este ámbito concreto de la atención a las diversidades sexo-genéricas, los procesos de innovación son imprescindibles. Se debe partir de una sensibilización del profesorado, de una concienciación para la modificación de las guías docentes y de un trabajo consecuente en el aula con nuestros estudiantes.

Esta investigación nos ha permitido detectar la situación en la que se encuentra la formación inicial del profesorado con relación a la diversidad sexo-genérica. Hemos podido comprobar el nivel de inclusión en el perfil académico-profesional de los planes de estudio, y con mayor detalle, en el desarrollo del Prácticum. Todo ello, nos debe hacer recapacitar, repensar e introducir procesos de innovación educativa dirigidos a la inclusión del alumnado LGBTIQ+ en nuestros planes de estudio. Sánchez-Sáinz et al. (2022) tienen un posicionamiento muy contundente en el que muestran la necesidad de lograr una educación inclusiva, que para nada reproduzca las desigualdades educativas, que abogue por el diseño de procesos de innovación educativa, que mejore y actualice la formación del profesorado, que contribuya con los enfoques de las pedagogías *"queer"* (Flores, 2016), *"crip"* (Planella, 2017) y *"decoloniales"* (Ortiz et al., 2018).

En múltiples ocasiones la falta de seguridad que hemos indicado con anterioridad contribuye a que parte del alumnado permanezca en la sombra, a que no se atreva a mostrar su identidad y orientación sexual, considerando que la propia institución educativa les discrimina, o no los acepta como son.

En síntesis, la Pedagogía, en términos generales, tiene mucho que aportar, al igual que las pedagogías "queer", capaces de ofrecer la necesaria formación del profesorado, asumir los nuevos retos que nos plantea la sociedad y que se convierten en necesidades socioeducativas que tenemos que saber afrontar y disponer de medios, de recursos humanos, técnicos y materiales para ello.

No obstante, la Universidad como institución tiene una larga trayectoria académica. Ha ido pasando por diferentes procesos de mejora, de cambio, de transformación… y es precisamente ahora, cuando la sociedad le demanda que esté a la altura de las necesidades reales, que sea capaz de formar a su alumnado en temas que durante muchos años han sido tabú, que cree sus políticas de inclusión, que visibilice sus actuaciones, que mejore sus planes de estudio, sus Prácticum...

Es necesario un trabajo en equipo, coordinado horizontal y verticalmente para poder lograr este objetivo, tan necesario en nuestros estudiantes. La diversidad sexual debe ser reconocida y respetada en el ámbito educativo que es en el que nosotros podemos intervenir; supone un gran reto, un objetivo amplio que requiere de muchas actuaciones. Todas ellas deben partir de una educación que respete la diversidad de las identidades de género, y que respete la diversidad sexual y familiar. No se puede plantear este objetivo como algo personal o que un o una docente quiera lograr con su alumnado. Se precisa de un trabajo conjunto, colaborativo, entre todo el profesorado de un Departamento, de una Facultad, de una Universidad, para lograr una auténtica inclusión de la diversidad sexo-genérica, formando a alumnado que se sienta aceptado, incluido y respetado.

Referencias bibliográficas

Alba Rodríguez, F. (2023). *¿Qué saben los docentes sobre diversidad afectivo-sexual?* Un análisis de la formación y la práctica a través de un estudio de caso en Barcelona [Trabajo Fin de Grado, Universidad de Valladolid]. Archivo digital. bit.ly/4aoLyc0

Barozzi, S. (2015). *Teacher training on gender and sexual identities in a Spanish context* [Tesis doctoral, Universidad de Granada]. Archivo digital. https://digibug.ugr.es/handle/10481/43369

Flores, V. (2016). Afectos, pedagogías, infancias y heteronormatividad: reflexiones sobre el daño. En VVAA, *Pedagogías transgresoras* (pp. 13-33). Bocavularia Ediciones. bit.ly/4bF94Th.

Freire, P. (1986). *La Educación como práctica de libertad.* Siglo XXI.

García Medina, R., Penna Tosso, M., & Sánchez Sáinz, M. (2022). La atención a las diversidades y la equidad en las políticas educativas de la Comunidad de Madrid. *Archivos Analíticos de Políticas Educativas, 30*(121), 1-17. https://doi.org/10.14507/epaa.30.6878

García Medina, R., Penna Tosso, M., Sánchez Sáinz, M., Salguero, J., Seva, J. M., & Moreno Herrero, I. (2020). Análisis de los itinerarios de éxito de estudiantes migrantes y estudiantes trans que alcanzaron estudios universitarios, desde una perspectiva educativa inclusiva. *Revista Complutense de Educación, 31*(2), 207-218. https://dx.doi.org/10.5209/rced.62016

Generelo, J., Pichardo, J.I., & Galofre, P. (2008). *Adolescencia y sexualidades minoritarias: Voces desde la exclusión*. Alcalá Grupo Editorial.

Generelo, J. (2016). La Diversidad Sexual y de Género en el Sistema Educativo: ¿qué sabemos sobre ella? *Índice: Revista de Estadística y Sociedad, 66*, 29-32.bit. ly/4dBRkd8

INJUVE (2011). *Jóvenes y diversidad sexual*. Ministerio de Sanidad, Política Social e Igualdad. https://www.injuve.es/observatorio/salud-y-sexualidad/jovenes-y-diversidad-sexual

Larios, J., Murguía, J., Montes De Oca, F., & Rangel, R. (2016). La importancia de formar profesores para fortalecer el trabajo con estudiantes homosexuales. En J. Larios, & J.M. De la Mora (Coords.), *Diversidad sexual y universidad. Enfoques* (pp. 77-99). Universidad de Colima.

Ley estatal 4/2023, de 28 de febrero, para la igualdad real y efectiva de las personas trans y para la garantía de los derechos de las personas LGBTI. 1 de marzo de 2023. *BOE* No. 51.

Marine, S. (2017). Changing the frame: Queering access to higher education for trans*students. *International Journal of Qualitative Studies in Education, 30*(3), 217-233. https://doi.org/10.1080/09518398.2016.1268279

McBride, R. S. (2020). A literature review of the secondary school experiences of trans youth. *Journal of LGBT Youth, 18*(2), 103-134. https://doi.org/10.1080/19361653.2020.1727815

Monarca, H., Ocampo, L., & Gómez, L. (2021). Educación sexual y diversidad sexual en la formación inicial del profesorado. En L. Villegas-Castrillo, J. Sánchez-Santamaría, & J. Rodríguez-Muñoz (Eds.), *La educación en la diversidad sexual* (pp. 121-137). Dykinson.

Moreno, O., & Puche, L. (2013). *Transexualidad, adolescencia y educación*. Egales.

Ortiz, A., Arias, M.I., & Pedrozo, Z.E. (2018). Hacia una pedagogía decolonial en/desde el sur global. *Revista nuestrAmérica, 6*(12), 195-222. https://dialnet.unirioja.es/servlet/articulo?codigo=6511175

Penna, M. (2012). *Formación del profesorado en la atención a la diversidad afectivo-sexual* [Tesis doctoral, Universidad Complutense de Madrid]. Archivo digital. https://docta.ucm.es/entities/publication/79e24044-7dfd-44c8-81c4-a870c038b09f

Penna, M., & Sánchez Sainz, M. (2015). Evaluación de la homofobia en los futuros docentes de Educación Secundaria. *Revista de Investigación Educativa, 33*(1), 83-98. http://dx.doi.org/10.6018/rie.33.1.179671

Pichardo, J. I., Molinuevo, B., & Rodríguez Medina, O. (2007). *Actitudes ante la diversidad sexual de la población adolescente de Coslada (Madrid) y San Bartolomé de Tirajana (Gran Canaria)*. Ayuntamiento de Coslada. FELGTB y Ayuntamiento de San Bartolomé de Tirajana. bit.ly/3QOA22E

Pichardo, J I., & Puche, l. (2019). Universidad y diversidad sexogenérica: barreras, innovaciones y retos de futuro. *Methaodos. Revista de Ciencias Sociales*, 7(1), 10-26. http://dx.doi.org/10.17502/m.rcs.v7i1.287

Planella, J. (2017). *Pedagogías sensibles. Sabores y saberes del cuerpo y la educación*. Universidad de Barcelona. bit.ly/4bILrci

Platero, L. (2024). TRANS*exualidades: *Acompañamiento, factores de salud y recursos educativos*. Bellatera.

Sánchez Sáinz, M. (2019). *Pedagogías queer ¿nos arriesgamos a hacer otra educación?* La Catarata.

Sánchez Sainz, M., Penna, M., & Saenz-Rico, B. (2022). Las pedagogías queer como reto para la innovación educativa y la formación del profesorado frente a las pedagogías coloniales, capacitistas y cisheteronormativas. En L. Rayón y B. Saenz-Rico (coords.), *Prácticas narrativas y profesorado: nuevos conceptos de formación para la innovación educativa* (pp145-161). Síntesis.

Sánchez Sainz, M., García Medina, R., & Penna, M. (2023). Alumnado trans. Una oportunidad para el desarrollo de pedagogías feministas en la escuela. *Revista Educar*, 59(1) 115-129. https://doi.org/10.5565/rev/educar.1569

Sánchez Torrejón, B. (2021). La formación del profesorado de Educación Primaria en diversidad sexo-genérica. *Revista Electrónica Interuniversitaria de Formación del Profesorado*, 24(1), 253-266. https://doi.org/10.6018/reifop.393781

Torres Santomé, J. (2017). *Políticas educativas y construcción de personalidades neoliberales y neocolonialistas*. Morata.

Agradecimientos: Los resultados del estudio que se muestra en este capítulo se enmarcan en el Proyecto "La formación de profesionales de la educación y diversidades sexo-genéricas. Percepciones y prácticas educativas hacia la inclusión del alumnado LGBTIQ+", aprobado en la convocatoria de Proyectos de I+D+i (PID2021-128041NB-I00) cuyos IPs son el Dr. Pedro Jurado de los Santos y Rebeca Soler Costa.

COLECCIÓN «UNIVERSITARIA»
Aquí puede consultar la información de todos los títulos
publicados en esta Colección